Marion Landwehr

Cafés & Ateliers in der Pfalz

Besondere Menschen und Orte laden ein

Inhalt

Im mediterranen Neustadt an der Weinstraße konzentrieren sich einige Cafés und Ateliers.

Im Pfälzerwald

ERÖFFNUNG
2010

Rendezvous in der Pfalz

Mein Auftrag lautete, ein Buch über »Cafés und Ateliers in der Pfalz« zu schreiben und ich freute mich sehr auf dieses ungewöhnliche Projekt! Allerdings habe ich mich auch gefragt: Wie passen Cafés und Kunstschaffende zusammen? Hat man es hier nicht mit zwei komplett unterschiedlichen Bereichen zu tun? Dann interpretierte ich das Konzept so, dass die im Buch vorgestellten Cafés einen wie auch immer gearteten Kunstbezug haben sollten. Zuerst erschien es mir sehr unwahrscheinlich, dass ich mehr als zwei bis drei entsprechende Einrichtungen finden würde. Umso erstaunter war ich über die Vielzahl an recherchierten Cafés, die entweder einen mittelbaren Kunstbezug haben – heißt also, in denen Künstler ausstellen oder Kunsthandwerk gezeigt wird – oder einen unmittelbaren Bezug aufweisen durch eine unkonventionelle Art der Einrichtung, als Ladencafé oder in Kombination mit einem Museum.

Es fiel mir leicht, Kunstschaffende, Werkstätten, Manufakturen und kreative Menschen ausfindig zu machen. Mein Mann – der die Fotos für dieses Buch schoss – und ich fuhren immer in großer Vorfreude in die Pfalz, weil wir wussten, dass wir wieder interessante Menschen kennenlernen würden, die wunderbare Geschichten zu erzählen haben. So trafen wir einen Holzkünstler, der in jedem Fundholz ein Kunstwerk sieht, und eine Keramikerin, die ihre Kunst therapeutisch einsetzt und bereits mit Kindersoldaten im Kongo gearbeitet hat. Wir sprachen mit einem Künstler, der Indoor-Minigolfanlagen gestaltet und einer Modistin, die individuelle Hüte für ihre Kunden zaubert.

Wir probierten Pfälzer Senf, der so köstlich schmeckt, dass man keinen anderen mehr mag, und wurden im Mönchsgewand durch die Gewölbe einer Essigmanufaktur geführt. Wir trafen die Besitzerin einer Mühle, die in ihrer Brotwerkstatt wahre Kunstwerke kreiert und einen Physiotherapeuten, der nebenbei professionell Seife produziert. Viele der Menschen, mit denen wir gesprochen haben, kommen aus einem ganz anderen Bereich oder wollten noch einmal etwas anderes im Leben machen. Das trifft auch auf einige Café-Betreiber zu – manche haben aber auch einfach nur ihr Spektrum erweitert, wie etwa die Inhaber einer Kunstagentur, die Kunst sehr außergewöhnlich präsentieren. Oder wie die fröhliche Café-Besitzerin, die die bunten Wände ihres Lokals nahezu vollständig mit alten Filmfotos dekoriert hat.

Es war mir eine Freude und Ehre, all diese Menschen zu treffen. Deshalb nehme ich Sie nun gerne mit an diese charmanten Orte, damit auch Sie diese Menschen kennenlernen. Ich wünsche Ihnen viel Spaß dabei!

Marion Landwehr

Außergewöhnlich präsentiert, außergewöhnlich lecker, außergewöhnlich kreativ – die Pfalz!

In der Vorderpfalz

Petra Roquette – Skulpturen, Objekte, Zeichnungen

Es begann mit einer Ziege

Holzbildhauerin Petra Roquette erzählt: »Ich habe so richtig klassisch Schnitzen gelernt, Herrgottschnitzen.« Mit Herrgottschnitzen wird im süddeutschen und österreichischen Raum traditionell ein berufsmäßiger Holzbildschnitzer bezeichnet. »Wir waren in unserer Holzbildhauer-Ausbildung die erste Klasse, die als Gesellenstück selbst etwas entwerfen und ausarbeiten durfte. Damit habe ich praktisch einen Gesellenbrief«, erklärt sie weiter. Die Figur, die der gebürtigen Münchnerin zu dieser Urkunde verholfen hat, ist eine Ziege – und die hat eine lange Geschichte: Zunächst fertigte sie damals das Modell einer Ziege an, dafür war sie öfter bei der »Ziegen-Resi«, um die Tiere zu zeichnen. Dann musste sie das Holz besorgen. Sie erhielt den Tipp, zu einem Bauern zu fahren, dort wollte sie zusammen mit ihrem heutigen Ehemann eine Ulme abholen. Doch vor Ort stellte sich heraus, dass das Holz zu schwer und zu groß für ihr Auto war. »Wir haben dann den Bauern angerufen, bei dem wir gewohnt haben. Der kam mit dem Viehhänger angefahren und hat uns das Holzstück in die Schnitzschule gebracht«, erzählt das Ehepaar, das sich bei der Ausbildung kennengelernt hat, lachend. Bei der Arbeit an dem Gesellenstück zog sich Petra Roquette eine Sehnenscheidenentzündung zu – aber Transport-Aufwand und Schmerzen haben sich gelohnt: Die Ziege erhielt einen Förderpreis, den Bayerischen Staatspreis!

Heute arbeitet Petra Roquette, indem sie sich einen Stamm vornimmt und einfach anfängt, etwas daraus zu machen – »aber eher abstrakt«, fügt sie hinzu. Schon auf dem Weg zur Werkstatt fällt eine Stele mit Kopf obendrauf ins Auge – der kahlköpfige Männerschädel

PETRA ROQUETTE – SKULPTUREN, OBJEKTE, ZEICHNUNGEN
Cany-Barville-Straße 26 • 76744 Wörth • Tel. 0162/7394578
E-Mail: info@petraroquette.de • petraroquette.de

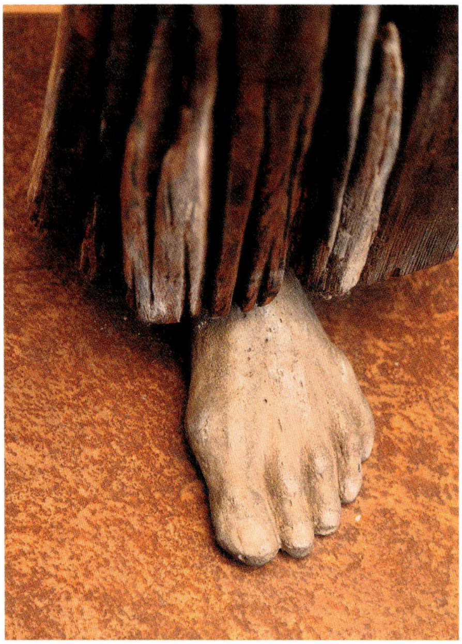

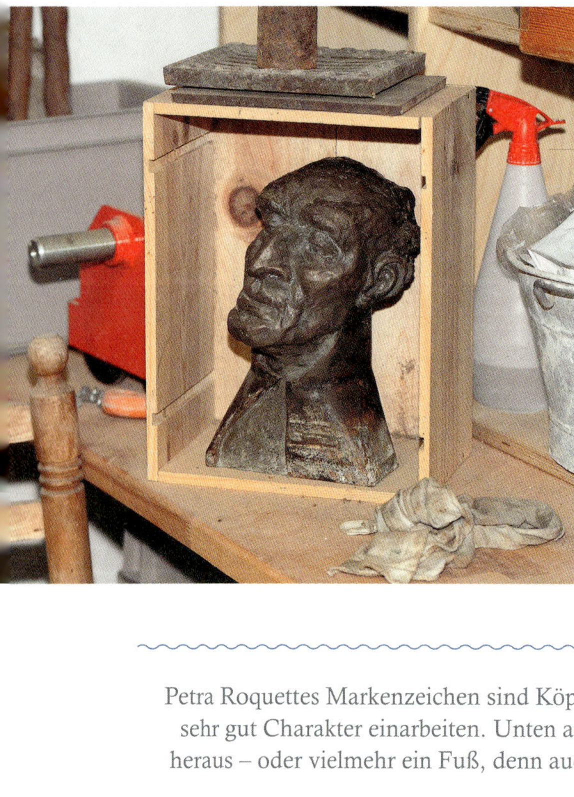

schaut gen Himmel. Da die handgearbeiteten Kunstwerke für draußen fast zu schade sind und sie zudem verwittern würden, ist die Künstlerin auf die Idee mit den Stelen gekommen, die heute ihr Markenzeichen sind. »Man modelliert einen Kopf, gießt ihn in Zement und setzt ihn als Versiegelung auf die Stele«, erläutert die Holzbildhauerin. Dann kann man das Objekt auch draußen stehen lassen. »Die Köpfe sind frei erfunden«, erklärt sie freimütig. »Auch wenn manche Antlitze älter wirken, haben sie alle ein Schmunzeln im Gesicht und sind ruhig und bedächtig.« Die meisten haben nur einen Fuß – ebenfalls ein Erkennungszeichen für die Werke der Künstlerin.

Um an das Holz zu gelangen, streckt Petra Roquette überall ihre Fühler aus. »Hier fällt mal der Balken eines Fachwerkhauses ab, dort eine alte Bahnschwelle« – letzteres ist jedoch nicht ganz unkritisch, weil das eigentlich Sondermüll ist. »Bahnschwellen kann man dann eben nur für draußen nehmen«, erklärt sie. Beim Spaziergang traf sie einmal auf Arbeiter, die einen Birnbaum gefällt haben. Sie durfte ihn haben, musste ihn aber innerhalb von drei Stunden abholen – eine Herausforderung! Beim Ausbaggern in Minfeld wurde auch schon einmal Mooreiche gefunden. Petra Roquette bekam das harte alte Holz, zusammen mit einer Auftragsarbeit.

Die Köpfe wirken wie aus Bronze, das kommt daher, dass die Werkstücke mit einer Kupferdrahtbürste bearbeitet werden. Manche Köpfe erinnern an Stein, weil sie aus sehr hartem Holz gefertigt sind. Das Holz ist innen manchmal auch schon hohl, dann ist es sehr

Petra Roquettes Markenzeichen sind Köpfe, bevorzugt männliche. In diese könne man sehr gut Charakter einarbeiten. Unten an den Stelen schauen manchmal auch Füße heraus – oder vielmehr ein Fuß, denn auch das ist ein Markenzeichen der Künstlerin.

dünn. »Anfangs sehe ich nie eine Figur darin. Es ergibt sich dann einfach«, beschreibt Petra Roquette ihr künstlerisches Schaffen.

Ihre Wirkungsstätte ist die ehemalige Garage auf dem Grundstück, dort hat sie ihr Atelier eingerichtet. Ihre Kunstobjekte können unter anderem auf Weingütern, auf einem alten Schulhof oder in Landau im Skulpturengarten bewundert werden. Auch auf dem Dörrenbacher Märchenweg befindet sich eine Figur aus Petra Roquettes Atelier, es ist die Rapunzel. »Rapunzel besteht aus einem Eichenstamm mit eingeschnittenem Fenster, modelliertem Kopf und geflochtenem Zopf«, sagt die Bildhauerin.

Woher bezieht die Künstlerin die Inspiration für ihre Köpfe? »Eigentlich bohre ich einfach ein Loch in die Stele und fange an zu modellieren. Ich schaue dann, was zu dem Holz passt. Es kommt dann automatisch ein Gesicht dabei heraus«, erläutert die Künstlerin. Es entstehen vor allem Männerköpfe, Frauenköpfe werden allerdings schneller verkauft, so ihre Erfahrung. An der Haustür begrüßt die Nofretete die Gäste. Der Stamm, auf dem der Kopf sitzt, hat nach Meinung der Künstlerin etwas Weibliches – »und auch etwas Ägyptisches«, findet sie. Zu jedem ihrer Kunstwerke kann sie eine Geschichte erzählen – sowohl zur Entstehung als auch, wie sie zum Fundholz kam.

Petra Roquettes Tipp:

Vor der Haustür startet die Wanderung zum Goldgrund, teilweise am Rhein und an Altrheinarmen entlang. Es geht durch Naturschutzgebiet und naturbelassenen Wald mit skurrilen Baumformationen und uralten Bäumen bis zu einem Baggersee mit Badestrand. Etwas mehr als 11 km und drei Stunden Gehzeit.

ARTCAFE

Artcafé Jockgrim

Genuss und Kultur in kreativem Ambiente

Der Name ist Programm – das Artcafé Jockgrim verbindet nicht nur in der Bezeichnung Art und Café den Begriff Kunst mit Kuchen, Torten, Kaffee und Tee, sondern lebt sie auch aktiv. »Kunst ist Teil unserer Identität«, sagt Inhaber Thomas Angelou. Der Kunsthistoriker und Museumspädagoge führt zusammen mit Uwe Reich, Bäckermeister und Betriebswirt des Handwerks, nicht nur das Café, sondern auch die Kunstagentur Bel Etage in Karlsruhe. Insofern stehen in dem Café inmitten des beschaulichen Ortes Jockgrim nicht nur kulinarische Leckerbissen auf der Karte, sondern auch wechselnde Ausstellungen verschiedener Künstler. Ungewöhnliche Veranstaltungen und eine kreative Inneneinrichtung sorgen für das passende Ambiente.

»Bis Corona kam, hatten wir regelmäßig kulturelle Veranstaltungen im Programm«, erzählt Thomas Angelou. Da gab es Vorträge über Weltreisen, Modenschauen, es traten Kabarettisten und sogar Wahrsager auf und orientalische Nächte wurden inszeniert. »Eine Dame aus Landau hat durch die Märchenabende geführt, sie hat wirklich die Aura einer Märchenerzählerin«, schwärmt Angelou. »Alle diese Veranstaltungen sind etwas Besonderes, wir wollen Individuelles gestalten«, erläutert er. Der Kunstgenuss wird kulinarisch umrahmt, denn das Motto der beiden Inhaber lautet: »Kunst mit allen Sinnen!« Durch die Kunstagentur Bel Etage sind zahlreiche Kontakte zu Künstlern aus den verschiedensten Bereichen vorhanden. »Wenn alles wieder normal ist, möchten wir wieder zurück zu solchen Events«, das ist dem Kunsthistoriker sehr wichtig. Angelou und Reich haben den Anspruch, Kunst gut verpackt zu präsentieren. Dabei spiele auch die didaktische Vermittlung von Kunst eine große Rolle.

Lage und Räumlichkeiten des Cafés sind wie geschaffen für das Konzept. Der Ort Jockgrim ist bekannt für die Ziegelproduktion bis Mitte des 20. Jahrhunderts. Dazu kommt, dass das Artcafé in der ehemaligen Schreinerei der Ziegelei untergebracht ist – zwar präsentiert es sich restauriert und in modernem Gewand, aber zusammen mit den Mauern des alten Backsteingebäudes ergibt das eine ganz besondere Atmo-

ARTCAFÉ JOCKGRIM
Untere Buchstraße 18 • 76751 Jockgrim • Tel. 0721/56 74 49
E-Mail: mail@artcafe-jockgrim.de • artcafe-jockgrim.de
Öffnungszeiten: Mi–So 14–18 Uhr

Thomas Angelous Tipp:

In Jockgrim eine Führung durchs Ziegeleimuseum und anschließend die Besichtigung des »Hinterstädtel«, dem ältesten Teil Jockgrims mit Stadtmauer und Zehnthaus (wo wechselnde Ausstellungen und Musikabende stattfinden).

sphäre. Das Sahnehäubchen ist die ausgefallene und kunstvolle Dekoration: Nachbildungen extravaganter Torten, Etageren mit sowohl echtem als auch künstlichem buntem Obst, ausgefallene Gipsfiguren und Sofas aus Omas Zeiten schaffen ein gemütliches Wohlfühlklima. Die Besitzer hatten selbst antike Möbelstücke, die ein neues Plätzchen im Café gefunden haben. »Ich habe ein Händchen für Dekoration und Design«, bekennt Thomas Angelou freimütig.

»Pro Jahr stellen etwa vier Künstler bei uns aus, jeder hat dann ein Vierteljahr seine Bilder hier hängen«, erklärt der Kunsthistoriker. Zuerst betrieb das Duo ein Café im Hofgut Holzmühle. Das lag jedoch etwas ab vom Schuss und erst eine erneute Suche ergab die Location in Jockgrim. Nach der Komplettentkernung des Baus waren ein Bioladen auf der einen Seite, ein Friseur auf der anderen und das Café in der Mitte die ersten Mieter, die einzogen. Konzeptionell konnten Angelou und Reich bei einigen Punkten mitentscheiden und so das Ambiente des Gebäudes erhalten. 2011 wurde das Café in Jockgrim dann eröffnet. Die Pfälzer haben die beiden Badener gut aufgenommen, »alle sind sehr nett, jeder grüßt im Vorbeigehen – das ist im Badischen nicht immer so«, stellt Thomas Angelou fest. Mit vielen Gästen sei man inzwischen sogar per Du und nenne sich beim Vornamen, es sei im Laufe der Zeit ein Vertrauensverhältnis entstanden.

Hauptsächlich wird Kaffee und Kuchen angeboten, beide Inhaber backen selbst. An guten Tagen werden schon mal zehn bis zwölf Kuchen gebraucht. »Anfangs dachte ich, das schaffe ich kein halbes Jahr«, erinnert sich Uwe Reich. Jetzt klappt das aber ganz gut, »man kann das strukturieren«, fügt Thomas Angelou hinzu. Ergänzt wird die Speisekarte von Quiche – als Alternative zu Süßem. Anfangs wurde sonntagmorgens noch ein sehr exklusives Frühstücksbuffet angeboten, das meist auch sehr gut angenommen wurde. »Wir haben da alles selbst gemacht«, meint Angelou.

Mit manchen Dingen sind die beiden Inhaber auch an Grenzen gestoßen – beispielsweise mussten sie feststellen, dass man in der Pfalz keinen Blechkuchen verkaufen kann. »Das war am Anfang schwierig. Ich bin kein Freund davon, 20 Jahre lang immer dasselbe zu verkaufen. Es muss ja nicht überzogen sein, aber manchmal möchte ich schon etwas Außergewöhnliches machen«, erklärt Angelou. Mit Apfelkuchen habe man in Jockgrim gewonnen, »das geht in allen Varianten dieser Welt – gedeckt oder ungedeckt, mit Streuseln oder ohne, mit Walnüssen oder ohne – man kann dabei zuschauen, wie der Kuchen in Rekordgeschwindigkeit verkauft wird«. Außerdem hat der Kunsthistoriker festgestellt, dass sich die Farbe Rot besonders gut verkauft. »Eine Himbeertorte hat es deshalb immer leichter als andere Torten«, lacht er. Aber er könne ja nicht immer nur verkaufen, was er gerne mag, sondern muss sich an dem orientieren, was die Gäste wünschen. Dass sie den hausgemachten Kuchen mögen, steht außer Frage – er ist köstlich und lässt sich in diesem ganz besonderen Umfeld auch angemessen genießen!

Jede Ecke des Cafés präsentiert eine eigene Stilrichtung. Einiges an Mobiliar brachten die beiden Besitzer bei Eröffnung ein, vieles wird auch im Laufe der Zeit neu dekoriert. Die Atmosphäre ist einzigartig, man fühlt sich wohl und vergisst die Zeit …

Goldtröpfchentorte

Himmlisch luftige Leckerei

Zutaten
150 g Mehl
2 EL Puderzucker
75 g Butter
1 Eigelb
1 Prise Salz
3 Eier (Größe M)
750 g Magerquark
250 g Zucker
1 ½ Päckchen Puddingpulver »Sahne-Geschmack« (zum Kochen)
1 Päckchen Vanillinzucker
Saft von 1 Zitrone
150 ml Sonnenblumenöl
½ l Milch
Fett und Grieß für die Form

Außerdem
Springform (26 cm Durchmesser)

Zubereitung
Mehl, Puderzucker, Butter, Eigelb, Salz und 2 EL kaltes Wasser verkneten.

Springform (26 cm Durchmesser) fetten, mit Grieß ausstreuen.

Teig ausrollen, Formboden damit auslegen, einstechen. Ca. 30 Minuten kühlen.

Eier trennen, Quark, 150 g Zucker, Puddingpulver, Eigelbe, Vanillinzucker, Saft und Öl verrühren.

Milch nach und nach einrühren.

Flüssige Masse auf den Boden geben.

Bei 175 °C ca. 45–50 Minuten backen.

Eiweiß steif schlagen, 100 g Zucker einrieseln lassen und den Kuchen damit bestreichen.

1 cm zum Rand frei lassen. Jetzt den Kuchen noch ca. 20 Minuten weiterbacken.

Baiser mehrmals einstechen.

Kuchen in der Form mindestens 6 Stunden auskühlen lassen.

Zubereitungszeit ca. 1 ¾ Stunden, Wartezeit ca. 6 ½ Stunden

Café Konditorei Confiserie Theobald

Augenweide und Gaumenschmaus

Was der Gast in der Theke des modernen Cafés Theobald erblickt, ist so perfekt und einzigartig, dass kaum zu glauben ist, dass dies alles Handarbeit ist. Reichlich mit Obstschnitten versehene Törtchen liegen neben Sahne- und Cremetorten, daneben Pralinen und Schokoladentaler und zuletzt eine große Auswahl an Macarons – es ist schon ein Genuss für das Auge, die Auslage zu bewundern, was soll man aus so vielen kunstvollen Leckereien denn nur auswählen? Die gute Nachricht: Man kann nichts falsch machen. Denn alles ist einfach köstlich und fast zu schade, um es zu essen. Zu den Kunstwerken wird ein ganz besonderer, nach patentiertem Verfahren hergestellter Kaffee serviert: Die Kaffeebohnen werden dabei freischwebend geröstet.

Franziska und Florian Theobald sind die Inhaber des feinen Cafés, in dem sie mit ihren Backerzeugnissen regelrechte Kunst präsentieren. »Wir sind beide Konditormeister und Betriebswirte des Handwerks«, erzählt Florian Theobald. 2007 haben sie sich in die Selbständigkeit gestürzt und das Café von Grund auf neu aufgebaut. Besonders stolz ist der Inhaber auf die Fensterfront, die sich komplett öffnen lässt und auf diese Weise im Sommer die Außenfläche vergrößert.

Auf die Frage, wer der Künstler hinter diesen sagenhaften Torten, Törtchen und Gebäckstücken ist, lächelt der Café-Chef. »Das ist meine Frau«, sagt er sichtlich stolz. »Sie arbeitet im Hintergrund.« Die kreativen Erzeugnisse werden in der Backstube in Insheim gefertigt, wo es am Wochenende auch einen Backstubenverkauf gibt. Alles ist selbst gemacht, es werden nur frische Früchte aus der Region, selbst hergestellte Marmeladen (die im Café auch verkauft werden), Eier und Wurst aus dem Nachbarort und das Mehl aus einer nahen Mühle

CAFÉ KONDITOREI CONFISERIE THEOBALD
Bonifatiusstraße 9 • 76863 Herxheim • Tel. 07276/91 81 51
E-Mail: info@cafetheobald.de • cafetheobald.de
Öffnungszeiten: Mi–Sa, So und Feiertage 7.30–18 Uhr.
Backstubenverkauf (in Insheim) Sa, So und Feiertage 7.30–12 Uhr

Florian Theobalds Tipp:

Die Familie fährt gerne nach Bad Bergzabern und geht dort in den Weinbergen spazieren oder wandern.

verwendet – kurzum: die besten Rohstoffe aus der Region. Die Kuvertüre besteht aus edler Valrhona Konditorei-Schokolade. Die Rezepte sind eine bunte Mischung aus gesammelten Geheimtipps, offiziellen Rezepten und Eigenkreationen. Nach alten Rezepten werden auch verschiedene Brotsorten gebacken, drei bis vier davon werden zum Verkauf angeboten.

Franziska Theobald produziert mit ihren Mitarbeitern ihre Köstlichkeiten nachts, damit morgens um halb acht Uhr die Theke gut gefüllt ist. »Ich bin dann tagsüber im Café, arbeite im Verkauf, bearbeite Wareneingang und Warenausgang und führe das Büro.« Das Ehepaar begegnet sich im Alltag nicht oft – »aber das ist alles machbar«, beteuert der Konditormeister. Florian Theobald ist gebürtiger Pfälzer, das Café befindet sich im Haus seiner Großmutter, hier war früher ein Haushaltswarenladen untergebracht. Franziska Theobald kommt aus Thüringen, kennengelernt hat sich das talentierte Konditoren-Ehepaar in Heidelberg auf der Meisterschule.

Der Blick in einen Katalog mit Tortenvorschlägen für besondere Anlässe lässt einem den Atem stocken – hier gibt es thematisch nichts, was sich nicht in Tortenform umsetzen lässt: Sei es die Torte in Fußballform im FC Bayern Look, die mehrstöckige Hochzeitstorte oder die Pfalz-Torte in Form eines Weinfasses mit unglaublich echt wirkenden Weinreben obendrauf – der Fantasie sind keine Grenzen gesetzt, alle Kreationen sehen aus wie Gemälde. »Obwohl wir viele Konditormeister in unserem Freundeskreis haben, wollten wir unsere Hochzeitstorte unbedingt selbst backen«, erinnert sich Florian Theobald. »Also sind wir in der Nacht vor der Hochzeit um vier Uhr aufgestanden und haben gebacken.« Das klingt zunächst verrückt, doch wer einmal die Auslage des Cafés gesehen hat, kann das gut nachvollziehen …

Die emsigen Café-Betreiber unterhalten auf der gegenüberliegenden Straßenseite auch einen Eis-Automaten, der laut Florian Theobald sehr gut angenommen wird. Das Eis darin – selbstverständlich auch aus eigener Herstellung. Auch hier werden immer wieder neue, meist besondere Kreationen angeboten: mal Milchreis mit Zimtkrokant, mal Apfelstrudel. An eine allgemeine Erweiterung ihres Angebots denkt das Ehepaar jedoch nicht. »Wir sind gut aufgestellt«, erklärt der Inhaber, »aber wir wollen lieber klein und fein bleiben.« Morgens wird mit Frühstück gestartet, auch hier alles selbst gemacht inklusive der frischen Croissants. Um die Mittagszeit gibt es eine kleine Karte mit eigenen Suppen, Schafskäse oder Toast Hawaii, dann folgt der Nachmittag mit den Torten- und Törtchen-Kreationen.

Die vierfachen Eltern haben schon eine interessierte Nachfolgerin am Start: Die älteste, 16-jährige Tochter ist bereits sehr wissbegierig, experimentiert und kreiert gerne zu Hause in der Küche. Die Profis sind ja ganz in der Nähe, sodass sie jederzeit nachfragen kann, was möglich und kombinierbar ist. Somit ist die Zukunft des Cafés mit seinem ganz besonderen Angebot wohl noch für eine ganze Weile gesichert!

Während Franziska Theobald nachts ihre Kunstwerke zaubert, ist Florian Theobald tagsüber im Café. Die Auslage der Torten, Törtchen, Pralinen und Macarons ist schon ein Fest fürs Auge – der Genuss der Köstlichkeiten dann auch für den Gaumen!

Elsässer Apfelkuchen

Beliebter Kuchen mit regionalem Touch

Zutaten

Mürbeteig

100 g Vanillezucker
200 g Butter
300 g Mehl

Belag

Säuerliche Äpfel
(z. B. Boskoop)
ca. 6–8 Stück
Etwas Zimtzucker

Rahmguss

3 Eier
100 g Vanillezucker
125 g Sahne

Außerdem

Springform
(30 cm Durchmesser)

Zubereitung

Vanillezucker (Vanillestangen, mehrere Tage in Zucker eingelegt) mit Butter verkneten, bis keine Klumpen mehr sichtbar sind, danach Mehl unterkneten, kühl stellen.

Ca. 5–7 mm dick ausrollen, in einer Springform mit 30 cm Durchmesser auslegen.

Säuerliche Äpfel (ca. 6–8 Stück je nach Größe) schälen, entkernen und halbieren, Hälften in Streifen schneiden und mit der Unterseite in die ungebackene Form stellen. Etwas Zimtzucker obenauf.

Für 30 Minuten in den vorgeheizten Backofen bei 180 °C schieben.

Eier mit Vanillezucker in der Küchenmaschine oder mit dem Handrührgerät schaumig schlagen, anschließend die flüssige Sahne unterrühren, auf den vorgebackenen Kuchen geben und erneut 30 Minuten backen.

Nach Belieben mit Puderzucker bestäuben.

Atelier Alfred Löffler

Wie aus Minigolf ein 3D-Erlebnis wird

Ein Künstler baut plastisch – wie hat man sich das vorzustellen? Spoiler-Alarm: Wirklich vorstellen kann man es sich nicht. Denn was der Künstler Alfred Löffler im Gewerbegebiet von Landau geschaffen hat, ist mehr als ein Kunstwerk. Vorher beherbergte das Gebäude, von dem er nun einen Teil gemietet hat, einen Indoor-Spielplatz. Jetzt befindet sich auf 1000 Quadratmetern Fläche eine abenteuerliche Indoor-Minigolfanlage, die ihresgleichen sucht – Magic Art Golf by A. Löffler, patentgeschützt.

Alfred Löffler hat sich auf Schwarzlichtmalerei spezialisiert. »Irgendwann kam ein Kunde und fragte mich, ob ich auch Golfanlagen bauen kann«, erzählt der vielseitig begabte Künstler. Er konnte sich das vorstellen, wollte es aber nicht bei der Bemalung der Wände belassen, sondern das Thema auch auf die Bahnen bringen. Damit wollte er sich von anderen Locations abheben. »Keine Bahnen mit Blumentöpfchen, in die man den Ball einlochen muss«, erklärt er lachend. Begonnen hat er dann mit einer Anlage für einen Indoor-Spielplatz, es folgten drei große Anlagen und schließlich seine eigene Bahn »Crazy Duck« in Landau. »Hier konnte ich dann alle Ideen umsetzen, die ich gesammelt habe«, berichtet er. »So bin ich zum Bauen von Golfanlagen gekommen«, sagt er lächelnd.

Alle Figuren, alle Elemente der Bahnen, Effekte, Projektionen und die gesamte Deko wurden von Alfred Löffler in Handarbeit selbst hergestellt. Auch die umgesetzten Themen sind Eigenkreationen des Künstlers, die er mit den baulichen Vorgaben in Einklang bringen musste. Er nennt seine Indoor-Bahn deshalb ein »komplettes Kunstprojekt«. Vervollständigt wird es von vielen schön durchdachten Details. Da sind zum Beispiel die Golfwägelchen in Form von alten Fässern, die die Gäste durch die Anlage schieben. Auch sie sind allesamt

ATELIER ALFRED LÖFFLER

Untere Hauptstraße 108 • 76863 Herxheim • Tel. 07276/919250
info@atelier-loeffler.de • airbrush-wandmalerei.de
Öffnungszeiten: Di–Do 15–21 Uhr, Fr 15–22 Uhr, Sa 10–22 Uhr und So 10–21 Uhr

in Handarbeit entstanden, wurden selbst geschweißt, so der gelernte KFZ-Meister. Einen großen Teil der Technik und des Equipments bezieht Löffler aus den USA, darauf ist er sehr stolz.

Den Tätigkeitsschwerpunkt des kreativen Kunstschaffenden stellen thematisierte Objektgestaltungen dar. Bei Auftragsarbeiten kommt zur Konzeptionierung oft auch das Erbauen hinzu. »Meist ist das nicht auf Wandmalerei beschränkt, sondern wird ergänzt durch plastische Effekte aus der Wand heraus«, beschreibt er. Ein Beispiel sind Baumstümpfe, auf die man sich auch setzen kann. All das macht Alfred Löffler allein. Für eine komplette Bahn braucht er vom Vertragsabschluss über den Entwurf, den Bau der Module und das Anmalen der Golfanlage, den Einbau, das Colorieren und Teppich-Verlegen bis hin zum Einbau der Effekte ein gutes halbes Jahr.

Normalerweise reist er durch die Lande und erstellt die Anlagen vor Ort. »Hier in Landau, nur sieben Kilometer von meinem Atelier in Herxheim entfernt, hatte ich dann die Chance auf etwas Eigenes, das hat mich schon immer gereizt«, berichtet Alfred Löffler. Wir starten einen Rundgang durch die Illusionswelt. Das kann man mit oder ohne 3D-Brille tun. »Man braucht sie nicht wirklich«, erklärt der Schöpfer des magischen Raumes, denn »wir haben ja auch viele plastische Elemente«. Im ersten Raum hat er das Thema Industrialisierung mit Hilfe von Schwebeballons und Eisenbahnwagen umgesetzt. Ein Flugobjekt, das aussieht wie ein Unterwasserboot, bildet die

Der Künstler ist vielseitig begabt: Neben der Kreativität versteht sich Alfred Löffler auch auf Handwerk und Technik. So schafft er es, als Ein-Mann-Betrieb eine ganze Minigolfanlage mit allen Raffinessen komplett in Eigenarbeit zu produzieren.

Überleitung zum nächsten Raum, der den Titel Unterwasserwelt trägt. Dort ist eine Riesenkrake die Attraktion des Raumes. Ein Wikingerboot, hüpfende Delfine und eine Meerjungfrau entzücken das Auge und ergänzen die gelungene Umsetzung des Themas.

Mein persönlicher Lieblingsraum ist der letzte, in dem uns Vogelgezwitscher empfängt. Dschungelfeeling kommt auf bei einem Gang über eine Holzbrücke, Palmen rechts und links, Wasserläufe, ein Tempel, ein projizierter Wasserfall und akustische Hintergründe intensivieren das Erlebnis und versetzen uns in den südamerikanischen Urwald. Azteken-Elemente wirken mystisch, ebenso die Ecke, die von einer goldenen Scheibe mit Schriftzeichen eingenommen wird, flankiert von Totenköpfen … Alfred Löfflers Techniken sind Schwarzlichtmalerei und Wandmalerei. Erstere findet man in seinen Indoor-Anlagen, die Wandmalereien schmücken Wände von Kinderzimmern bis hin zu Hausfassaden, also sowohl indoor als auch outdoor. In Herxheim etwa kann man am Kindergarten ein aufgemaltes Logo von ihm bewundern. »Ich habe schon viele Kilometer Wand angemalt«, berichtet Löffler. Und mit seinem Schaffensdrang wirkt er, als ob noch einige mehr dazukommen …

Alfred Löfflers Tipp:

Wandern im Dahner Felsenland mit einer Wander-App, die an schönen Steinen vorbeiführt, diese auch entsprechend erläutert und zu Aussichtspunkten leitet.

Snack time!
A La Carte
Bon appetit
#1 Quality Cuisine
Chef's Special

Janet's Charcuterie

Snackboxen und -platten vom Feinsten

Das Auge isst ja bekanntlich mit, aber im Falle dieser Snackboxen meldet das Auge, dass das köstliche Kunstwerk eigentlich zu schade zum Essen ist. Janette Kona zaubert aus Lebensmitteln wahre Meisterwerke. Die richtet sie in Boxen an, die bequem transportiert werden können. Erdbeeren und kunstvoll geschnittene Kiwis, Wurströllchen und Tomaten-Mozzarella-Kreationen, kleine Gürkchen, Oliven und Cracker, alles garniert mit einer Beschriftung aus Käsebuchstaben, dekoriert die gelernte Personaldienstleistungskauffrau gekonnt zu einer farbenfrohen, ansprechenden und leckeren Genussbox.

»Der Job im Büro war mir zu wenig kreativ«, bekennt die zweifache Mutter, die nach der Geburt ihres ersten Kindes zunächst wieder in ihren Beruf eingestiegen ist. Der Grund für ihre berufliche Veränderung war, dass ihre Kinder nicht so gerne Obst und Gemüse gegessen haben – schön angerichtet aber war das kein Problem. So reifte die Idee, ansprechend präsentiertes Essen in Boxen zu verkaufen. Die Corona-Pandemie war mit ein Auslöser dafür, denn die Tochter konnte plötzlich nicht mehr in den Kindergarten und es wurde schwierig für die junge Mutter, dem Büro-Job nachzugehen.

Janette Kona hat schon immer ein Faible für hübsch angerichtetes Essen. Auch für Kunst interessiert sich die junge Frau sehr. Da sie bereits in jungen Jahren in der Pizzeria ihrer Eltern mitgearbeitet hat, bringt sie zudem den gastronomischen Background mit. Dort hat sie sich oft Anregungen geholt, wie man Essen präsentiert. »Auch Instagram hat mich sehr inspiriert«, sagt Janette Kona. Sie recherchierte im Internet, was auf Platten dieser Art passen könnte. So bildete sie sich selbst fort, und gepaart mit ihrem Talent, Lebensmittel ansprechend darzubieten, kommen die wundervollsten Kreationen zustande.

Janette Kona nimmt Sonderwünsche jeder Art entgegen. Sei es etwas Passendes zum Hochzeitstag, zum runden Geburtstag oder eine Box für die frischgebackene Oma – es gibt nichts, was man sich von der begabten Janette

JANET'S CHARCUTERIE
Alte Mühlgasse 79 • 76761 Rülzheim • Tel. 0157/38 97 73 64
E-Mail: info@janets-charcuterie.de • janets-charcuterie.de
Öffnungszeiten/Abholzeiten: Do–Sa 9.30–18 Uhr

Janette Konas Tipp:

Zur Kastanienzeit mit der Familie nach Ramberg auf die Ramburg mit dem schönen Blick und dann auf dem Keschdeweg in beliebiger Länge spazieren gehen.

Kona nicht erbitten kann. Zum Muttertag oder zum Valentinstag gibt es beispielsweise einen »Blumenstrauß« aus Früchten, Tomaten mit Mozzarella und Salamiblüten. Auch Süßigkeitsboxen für den gemütlichen Fernsehabend zu Hause mit Naschereien, Popcorn und Chips bietet sie an. »Ich experimentiere gerne und nehme immer neue Sachen mit auf«, erklärt Kona. Extrawünsche wie rein vegetarische Boxen oder solche mit Geflügelwurst statt Schwein sind ebenfalls kein Problem.

Die Produkte stammen sowohl aus dem Groß-, als auch aus dem Einzelhandel. »Ich achte jedoch darauf, vieles bei regionalen Anbietern zu kaufen« – so zum Beispiel Marmelade aus einer kleinen Manufaktur im Nachbardorf, Honig vom Imker aus Herxheim oder Baguettes vom Bäcker, der sie auch selbst backt. »Auf jeden Fall kaufe ich alles frisch ein, sobald mir die Bestellung vorliegt«, betont die Jungunternehmerin. Deshalb ist sie froh, wenn man mindestens eine Woche vorher bestellt – auf diese Weise kann sie Bestellungen zusammenfassen und trotzdem frische Ware in ihren Boxen verarbeiten.

Ihre Boxen sind biologisch abbaubar und es gibt sie in den Größen S, M, L und XL – je nach Anzahl der Personen, die davon satt werden sollen. »Die Größen M und L werden am meisten genommen«, weiß Janette Kona. Darin befinden sich Portionen für vier beziehungsweise sechs bis acht Personen.

Keine Box, die aus Janette Konas Charcuterie stammt, ist wie die andere. Und auch als »Mehrfachtäter« findet man immer neue Überraschungen in den Boxen. »Es kommt immer drauf an, welche saisonalen Produkte mir zur Verfügung stehen und welche Wünsche die Kunden haben«, erklärt sie. Etwa die Hälfte aller Bestellungen enthält spezielle Kundenwünsche, nach denen sie sich gerne richtet, ansonsten überlegt sie sich einfach selbst die passenden Zusammenstellungen der Snackboxen.

Im Moment ist Janette Kona sehr zufrieden mit der Entwicklung ihres Geschäftsmodells. Sie freut sich über eine gute Resonanz auf ihre Snackboxen. Ihr nächstes Ziel steht jedoch längst fest: Sie möchte die leckeren und appetitlichen Speisen nicht nur zum Mitnehmen anbieten, sondern ihre Kreationen auch auf Platten zum Genießen vor Ort anrichten – gerne mit einem Glas Wein dazu. Die Pizzeria ihrer Eltern, in deren Hintergebäude sie derzeit ihre Boxen zusammenstellt, ist zwar inzwischen verpachtet. Janette Kona denkt aber darüber nach, einen Teil der Räumlichkeiten abzutrennen und hier Gäste mit ihren farbenfrohen Snackplatten zu bewirten. »Dann würde ich die Sachen auf Holzbrettern anrichten und Getränke dazu anbieten«, stellt sie sich vor.

Diese Gastronomie der besonderen Art wäre dann die Fortführung einer inzwischen weit über die Region hinaus bekannten Charcuterie, die sicherlich viele Gäste in den beschaulichen Ort Rülzheim locken würde …

Zu jedem Anlass die passende Box – zum runden Geburtstag, zum Hochzeitstag oder zur Geburt des Enkels. Die künstlerisch gestalteten Boxen mit regionalen Lebensmitteln sind ein schönes Geschenk, man kann sich aber auch selbst damit verwöhnen.

Gudes Zeich

Feine Marmeladen, Konfitüren und Saucen

Dass ihre Marmeladen sogar eine Auszeichnung erhalten haben, ist kein Wunder. Denn wo sonst bekommt man »Aprikose trifft Rosmarin« oder »Apfel küsst Calvados«? Schon für die originellen Namen ihrer süßen Aufstriche hat Heike Martin einen Preis verdient. Marmeladen kocht die Bellheimerin schon immer, seit 2005 auch für den Verkauf. Sogar Edeka-Märkte bestückt die begnadete Marmeladen-Köchin. »Anfangs hat mir dazu der Mut gefehlt«, erinnert sie sich. Sie hatte Sorge, dass ihre Erzeugnisse nicht gut genug seien. Doch dann folgte die Teilnahme am Wettbewerb »Marmeladen-Casting« und sie erreichte mit drei ihrer Kreationen die volle Punktzahl. Bestärkt durch dieses gute Ergebnis hat Heike Martin dann das Experiment mit den Edeka-Märkten gewagt – mit Erfolg!

»Ich habe eine Bewerbung geschrieben und dann Marmeladen zum Probieren mit zum Gespräch genommen. Sie wurden sofort ins Programm aufgenommen«, freut sie sich noch heute. 40 verschiedene Sorten hat Heike Martin im Repertoire und es kam auch schon vor, dass der Edeka-Markt in Kandel von jeder Sorte gleich sechs Gläser bestellt hat. »Das hat eine Weile gedauert, bis ich das alles gekocht hatte«, lacht sie.

Über Facebook wurde auch Rewe auf die Marmeladen-Zauberin aufmerksam und fragte eine Kooperation an. Viele Supermärkte setzen auf regionale Anbieter und so sind Heike Martin und ihre Produkte sehr gefragt. Sie selbst arbeitet ausschließlich mit Obst, bevorzugt aus eigenem oder aber zumindest aus regionalem und naturnahem Anbau. Auch die Obstbestände von Freunden und Bekannten werden verarbeitet. Heike Martin verzichtet auf Farb- und Konservierungsstoffe ebenso wie auf Geschmacksverstärker.

Das gilt auch für die veganen Saucen verschiedener Geschmacksrichtungen, die ebenfalls zum Sortiment von Gudes Zeich gehören. Die Kostprobe der »Pfälzischen Tomatensauce« mit viel Bärlauch zeigt, dass die Bellheimerin auch für diesen Bereich ein Händchen hat – lecker, frisch und farbenfroh präsentiert sich die Sauce aus frischen Zutaten in einer Glasflasche.

Gefragt nach den Vorlieben ihrer Kunden entgegnet Heike Martin, dass die Käufer auf den

GUDES ZEICH
Am Hasenspiel 5 • 76756 Bellheim • Tel. 07272/70 35 65
E-Mail: heike@gudes-zeich.de • gudes-zeich.de

URBAN

Heike Martins Tipp:

In Heike Martins Geburtsstadt Germersheim empfiehlt sie das Straßen-, Festungs- und Ziegeleimuseum, die Rheinpromenade, den Schwanenweiher, die Festungsanlagen und eine Wanderung durch die Rheinauen.

Wochenmärkten erstaunlicherweise eher Interesse an reinen Fruchtsorten haben. »Meine Mischungen waren vielen zu exotisch«, musste sie erkennen. Erst daraufhin habe sie begonnen, beispielsweise reine Erdbeermarmelade anzubieten – die gefragteste Sorte überhaupt. Viele verbinden Erdbeermarmelade mit ihrer Kindheit: »Der feine Duft des frisch gekochten Erdbeer-Rhabarber-Fruchtaufstrichs versetzt mich in meine Kindheit, in die Küche meiner Oma zurück«, schwelgt auch sie in Erinnerungen. Deshalb bietet Heike Martin ihre Erdbeermarmelade das ganze Jahr über an. Im Frühjahr friert sie die Früchte ein, sodass sie auch außerhalb der Erdbeer-Saison die beliebte Marmeladensorte liefern kann.

Die Produktionsstätte in der oberen Etage ihres Wohnhauses ist blitzsauber und wunderbar ordentlich, die Marmeladen-Köchin präsentiert stolz ihr Reich. In einem Lager reihen sich die Köstlichkeiten in großen Regalen aneinander. Auch ihr Mann hat einen eigenen »Arbeitsplatz« in der Manufaktur, denn er ist für das Aufkleben der schönen Etiketten zuständig. Sogar ihre Tochter, die Studentin ist, wirkt in Mutters Manufaktur mit – sie unterstützt Heike Martin beim Kochen der Saucen.

Auf die Frage, ob man außerhalb der Pfalz den Begriff »Gudes Zeich« versteht, bricht die gebürtige Pfälzerin in lautes Lachen aus. »Auf den Wochenmärkten, auf denen wir beispielsweise im badischen Karlsruhe waren, wurde ich oft erstaunt gefragt, was denn Zeich bedeuten soll!« Von den Sprachbarrieren abgesehen ist der Name jedoch Programm! Inzwischen ist Heike Martin nicht mehr mit ihren Produkten auf den Märkten anzutreffen. »Ich war einfach zu viel unterwegs«, erklärt sie. Zudem hat sie einen Bürojob, dem sie halbtags nachgeht.

Besagtes »gutes Zeug« kann man aber auch auf der Homepage der Inhaberin bestellen. Ideen für weitere Sorten hat Heike Martin genug – aber als Ein-Frau-Show muss das alles ja auch bewältigt werden. »Mehr Sorten kann ich nicht anbieten«, sagt sie. Eins sei trotzdem schon verraten: Es werden künftig herzhafte und pikante Brotaufstriche mit ins Repertoire aufgenommen …

Die Marmeladenmanufaktur von Heike Martin ist auch größeren Aufträgen gewachsen. Ihre exotischen Mischungen haben einen Preis gewonnen, sehr gefragt sind aber vor allem reine Fruchtsorten. Alles wird aus rein heimischen Produkten hergestellt.

Erdbeer-Rhabarber-Fruchtaufstrich

Der Frühstücksklassiker trifft Rhabarber

Zutaten

500 g Erdbeeren
500 g Rhabarber
500 g Gelierzucker 2:1
2 TL Zitronensaft

Zubereitung

Die Erdbeeren verlesen, waschen und entkelchen, dann werden die Früchte mit dem Blender bzw. Zauberstab püriert.

Den gewaschenen Rhabarber schälen und in kleine Stückchen schneiden.

Die pürierten Erdbeeren und die Rhabarberstückchen mit dem Gelierzucker und dem Zitronensaft in einem großen Kochtopf vermischen.

Jetzt dürfen die pürierten bzw. klein geschnittenen Früchte im Gelierzucker abgedeckt im Kochtopf etwas ziehen, am besten über Nacht.

Am nächsten Morgen die Masse unter gelegentlichem Rühren aufkochen und vier Minuten kochen lassen.

Den kochend heißen Fruchtaufstrich dann in die vorbereiteten Gläser abfüllen und diese sofort zudrehen.

Gudes Zeich
Heike Martin - Marmeladenmanufaktur
Aus Liebe
zur Natur
Erdbeer-Rhabarber
Fruchtaufstrich-glutenfrei-vegan

In der Südpfalz

Original
RHODE ISLAND
SAVON
TULIPE
SUNLICHT
tabac
Dangschee
Dangschee

Steinweilerer Seifenmanufaktur

Inspiration von der Côte d'Azur ...

Der Weg von der Physiotherapie zur Seifenherstellung ist ungewöhnlich, aber nachvollziehbar: Udo Zahneissen, Inhaber einer Physiotherapiepraxis in Steinweiler, musste sich in seinem Beruf schon immer oft die Hände waschen. »Dadurch habe ich Hautprobleme bekommen«, erklärt er. »Der Hautarzt verschrieb Kortisonsalbe, die jedoch das Grundproblem nicht lösen konnte«, erinnert er sich. Eine Patientin empfahl ihm daraufhin, Ringelblumenöl herzustellen und die Hände damit einzureiben. In dem Jahr, in dem es mit der Haut ganz schlimm wurde, war die Familie Zahneissen an der Côte d'Azur im Urlaub und besuchte auch den Ort Grasse, bekannt für Lavendel und Parfum. »Dort habe ich in kleinen Manufakturen gesehen, wie Lavendelseife hergestellt wurde – bei mir hat es Klick gemacht, das wollte ich auch für mich ausprobieren«, erzählt Udo Zahneissen. Das war die Geburtsstunde der Seifenmanufaktur vor 16 Jahren.

Zunächst wurde alles zu Seife verarbeitet, was der Garten so hergab – Ringelblumen-, Lavendel-, Pfefferminz- und Kamillenseife wurde hergestellt, und wenn produziert wurde, haben Freunde und die Familie immer etwas abbekommen. Die Resonanz war sehr gut, so entstand die Idee, auf einem Bauernmarkt zu verkaufen. »Beim ersten Mal haben wir gleich für 60 Euro Seifen verkauft und haben das Geld abends in der Wirtschaft auf den Kopf gehauen«, erzählt der Inhaber lachend. »Wir waren glücklich, mit der Arbeit unserer Hände Geld zu erwirtschaften und etwas Produktives zu erschaffen« – das sei bei der Arbeit als Physiotherapeut nicht der Fall, denn man sieht den Erfolg nie direkt.

Die Praxis läuft parallel weiter, um die Familie zu ernähren; Udo Zahneissen und seine Frau Michele, die ebenfalls sowohl in der Praxis als auch in der Manufaktur mitarbeitet, haben sich jedoch etwas aus dem Praxisbetrieb her-

STEINWEILERER SEIFENMANUFAKTUR
Hauptstraße 77 • 76872 Steinweiler • Tel. 06349/30 86
E-Mail: seifenmanufaktur@gmx.de • steinweilerer-seifenmanufaktur.de
Öffnungszeiten: nach Vereinbarung

Udo Zahneissens Tipp:

In Westheim einen Besuch des Hofguts Holzmühle. Die Mühle besteht seit 1481 und beherbergt heute ein kleines Landhotel, eine Mehlmanufaktur mit Mühlenladen und ein Café.

ausgezogen. Der dritte Inhaber der Seifenmanufaktur, Markus Scherrer, und das Ehepaar Zahneissen teilen das Seifensieden untereinander auf. Von Hand hergestellt werden die duftenden Kreationen in einem angemieteten Teil eines Produktionsgebäudes im Industriegebiet von Herxheim. Dort wird einmal pro Woche mittwochs Seife produziert. Verkauft werden die Erzeugnisse im liebevoll dekorierten Laden in Steinweiler, der sich beim Wohnhaus der Zahneissens befindet. Einladend gestaltet, bietet der Laden nicht nur ein Dufterlebnis, auch das Auge hat etwas davon: Gelbe, rosafarbene und blaue Seifen wetteifern mit marmorierter Seife um Aufmerksamkeit, daneben prangen Badesalze, Peelings, Seifentorten und hübsch zusammengestellte Geschenkarrangements.

Weil mit der Seifenmanufaktur ein altes Handwerk wiederbelebt wurde, das es so eigentlich gar nicht mehr gibt, kamen die Tourismusverbände auf das Trio zu. Seitdem werden auch Führungen angeboten, bei denen die Besucher bei der Produktion zuschauen können. Hinzu kommen Verkäufe auf regionalen Weihnachtsmärkten, in Läden und über den eigenen Online-Shop. Das habe die Manufaktur jedoch nicht forciert, es habe sich von allein ergeben. »Wir haben mit der Seifenproduktion ein zweites Standbein, es ist im Moment noch ein Nebenerwerb, aber wir wollen das vorantreiben«, sagt Michele Zahneissen. Seit 2005 ist die Manufaktur als Firma angemeldet.

Wir dürfen bei der Seifenherstellung über die Schulter schauen. Es soll eine Fliederseife entstehen, in der Kokosfett, Palmfett, Kakaobutter und Rapsöl enthalten sind. Die Fette werden geschmolzen, die sehr konzentrierte, ätzende Natronlauge steht bereit, um die Fette zu Seife umzubauen. »Damit wir nah an der Natur bleiben und auf chemische Emulgatoren verzichten können, braucht man feste Fette, weil die Seife aushärten muss«, erklären die Profis. Zusammengerührt ergibt sich eine pflanzliche Kernseife, dann folgen die Zutaten zur Verfeinerung. Das geschieht durch Farbpigmente oder Düfte, im Fall der Fliederseife sind das violette Kosmetikpigmente und Flieder-Duftöle. Dann wird die Masse in die Form gegossen, trocknet aus und wird zuletzt geschnitten.

»Der Hexenmeister in der Küche bin ich«, erklärt Udo Zahneissen, er tüftelt auch die Rezepte aus. »Wenn mich auf dem Markt das zehnte Mal ein Kunde nach Eisenkrautseife fragt, speichere ich das im Hinterkopf«, erklärt der Kreativ-Chef der Manufaktur. Sobald er etwas Neues entwickelt hat, muss er für die Komposition eine Sicherheitsbewertung erstellen. »Jeder Grundstoff wird dann im Labor analysiert«, erläutert er. Trotz des Aufwands bringt die Steinweilerer Seifenmanufaktur jährlich zwei neue Produkte auf den Markt, die mit den hübschen, selbst erstellten Banderolen umweltfreundlich und vor allem sehr ansprechend präsentiert werden.

Im kleinen, hübsch dekorierten Laden in Steinweiler verkauft das Seifen-Trio die Produkte. Produziert werden die Seifen in allen Farbgestaltungen und Duftnoten höchst professionell in einem Produktionsgebäude in Herxheim – und das im Nebenerwerb.

Café Nostalgie

Das etwas andere Café

Wenn die schmiedeeiserne Bank mit der Oma darauf in der Einfahrt steht und die fein zurechtgemachte ältere Dame das in Pfälzer Mundart beschriftete Schild »Café is uff« in der Hand hält, ist ganz unmissverständlich das Café Nostalgie geöffnet. Dann können Gäste ein Frühstück, einen leckeren Mittagstisch oder Kaffee mit selbst gebackenem Kuchen und Torten genießen. Das Ehepaar Beate und Bernd Weidenmaier führt das Café im beschaulichen Ort Impflingen mit sehr persönlicher Note. Das merkt man nicht nur an der Inneneinrichtung mit ausgewählten nostalgischen Gegenständen, sondern auch an der Freude, mit der die beiden über ihr Café sprechen.

Dabei mussten sie sich gerade erst mit einer neuen Situation arrangieren: »Wir hatten im Januar 2018 das Café Rosinchen in Klingenmünster übernommen, das haben wir aber nur zweieinhalb Jahre lang geführt«, erzählt Bernd Weidenmaier. »Wir mussten aus dem Gebäude raus, da es verkauft wurde. Das war 2020.« Bis zum coronabedingten Lockdown lief auch das neue Café gut an; das Betreiberpaar konnte einige Stammgäste aus dem Rosinchen mitnehmen. Hinzu kommen Gäste, die im benachbarten Gästehaus übernachten. Das Café dient den Gästen als Frühstücksraum, bei größeren Gruppen wird sogar ein Buffet aufgebaut. Aber auch von Nicht-Übernachtungsgästen wird das Frühstück gut angenommen. »Da haben wir viele Wiederholungstäter, denen es gefallen hat und die wieder kommen«, weiß Bernd Weidenmaier. Besonders sind den beiden die Gäste der Stammtische ans Herz gewachsen, die regelmäßig und zu festen Zeiten ins Haus kommen.

An einem der Tische sitzt Edeltraud, eine schick in nostalgische Kleider gehüllte Schaufensterpuppe mit Hut. »Manche Gäste grüßen sie im Vorbeigehen«, lacht Beate Weidenmaier. Edeltraud ist eins der vielen liebevoll drapierten Retro-Elemente in dem gemütlichen Gastraum. Da steht ein Sofa mit Samtbezug, daneben ein Kinderwagen mit Weidekörbchen, einem Spitzenschleier als Verdeck und einer Porzellanstange als Schiebegriff. Es gibt ein Buffet aus der Gründerzeit mit rosenverziertem, feinem Por-

CAFÉ NOSTALGIE
Hauptstraße 10 • 76831 Impflingen • Tel. 06341/988 98 10
E-Mail: info@cafe-nostalgie.com • cafe-nostalgie.de
Öffnungszeiten: Mi–Do 11.30–17 Uhr, Fr–So 11.30–18 Uhr

Die Reise des Engels

B. Weidenmaiers Tipp:

Durch das »Eselsdorf« Eschbach mit seinen Eselsskulpturen spazieren und dann vom Ort aus auf die Madenburg hinaufgehen.

zellan darin. Wie aus einem anderen Leben erscheint das Vintage-Radio im Eingangsbereich oder der alte Herd. Ins Café Nostalgie kommen bedeutet schauen, staunen und Nostalgisches berühren.

Im Kontrast zu der außergewöhnlichen Deko steht der supermoderne, blau blinkende Kaffeevollautomat. Auch die kunstvoll verzierten Kuchen und eleganten Torten repräsentieren die Moderne des Cafés. Beate Weidenmaier backt alles selbst, manchmal sind es zehn bis zwölf Kuchen und Torten am Tag, die bereitstehen. »Es ist mir noch nie passiert, dass der Kuchen ausgegangen ist«, erklärt die Kuchenbäckerin stolz. »Früher bin ich um vier Uhr aufgestanden, um das alles zu bewältigen«, erzählt sie. Inzwischen ist sie so routiniert, dass sie eine Stunde länger schlafen und trotzdem alles gut schaffen kann. »Der Backofen läuft den ganzen Tag«, sagt sie lächelnd. Zehn Kuchenformen stehen ständig bereit, und wenn sie gerade Zeit hat, füllt sie die eine oder andere Form. Dabei ist sie in Sachen Backen ins kalte Wasser geworfen worden: »Im Rosinchen bin ich nur ein Vierteljahr lang ins Backen eingearbeitet worden, dann hat mich die Backhilfe verlassen und ich musste es mir selbst beibringen«, erinnert sich die Café-Inhaberin.

Unternehmerischen Background hat das Ehepaar Weidenmaier hinreichend. Gemeinsam betrieben sie eine Firma für Facility Management in Karlsruhe. »Da hatten wir 20 Mitarbeiter«, erzählen die beiden. Kurz vor Bernd Weidenmaiers 60. Geburtstag entschlossen sie sich dazu, die Firma zu verkaufen. »Wir dachten, Beate backt gerne, wir beide kochen gerne, also machen wir doch ein Bistro oder ein Café auf«, erzählt Weidenmaier und lacht. Schon ein Vierteljahr später waren die Weidenmaiers stolze Pächter des Cafés Rosinchen, wo sie sehr gut aufgenommen wurden. In der Pfalz, in Hauenstein, haben die beiden ohnehin vorher schon gewohnt. Der Weg zur Arbeit hat sich damit für sie um eine halbe Stunde verkürzt.

Nach dem Frühstück werden im Café Nostalgie ab 11.30 Uhr kleine Gerichte angeboten, die das Duo selbst frisch kocht. »Da bieten wir dann Quiche an, Flammkuchen, gebackenen Schafskäse oder Rösti mit Räucherlachs sowie verschiedene Suppen.« Donnerstag ist in der kalten Jahreszeit Dampfnudeltag mit Wein- oder Vanillesauce oder Kartoffelsuppe – alles ebenfalls aus eigener Herstellung. Beate und Bernd Weidenmaier stemmen den Café-Betrieb allein und mit viel Herzblut.

Das Inventar haben die Weidenmaiers weitgehend so übernommen, wie es ist, manches haben die beiden aus dem Rosinchen mitgebracht. Das Konzept Nostalgie war auch im vorherigen Café schon ein großes Thema. »Hier haben wir aber alles ein bisschen entzerrt und neugestaltet, vor allem auch alles heller gemacht«, berichten die beiden. Sie sind froh, in Impflingen gelandet zu sein. »Wir fühlen uns hier sehr wohl. Es ist schön dörflich, ein toller Zusammenhalt«, erklären die Cafe-Besitzer mit Nachdruck.

Hund Domino unterstützt Herrchen und Frauchen zur Freude der Gäste beim Betreiben des Cafés. Kostbare Accessoires bereichern die Atmosphäre und geben dem Café Nostalgie den Namen. So fühlt man sich bei einem guten Stück Kuchen wie im Museum.

Flockensahne-Torte

Spezialität des Hauses!

Zutaten

6 Eier
150–170 g Zucker
(Menge in der Sahne nach Geschmack)
2 Pck. Vanillezucker
80 g Mehl
120 g Stärke
800 g Sahne
2 TL gemahlene Gelatine
400 g gefrorene Johannisbeeren
Puderzucker zum Bestreuen

Zubereitung

Vier Eier trennen. Die Eigelbe und die zwei übrigen ganzen Eier schaumig schlagen, eine halbe Tasse Wasser hinzufügen und weiter schlagen. Zuletzt 150 g Zucker und ein Päckchen Vanillezucker dazugeben und auch diese weiter schaumig in die Masse schlagen. Mehl und Stärke in die schaumige Masse sieben und unterheben. Biskuitmasse in eine gefettete, runde Kuchenform gießen.

Die vier Eiweiße sehr steif schlagen und den restlichen Zucker in die Eiweißmasse schlagen. Diese mit einem Löffel in Flocken auf den Biskuitteig setzen. Bei 175 °C Umluft 40–45 Minuten backen. Aus der Form lösen und abkühlen lassen. Den abgekühlten Biskuitboden waagerecht in der Mitte teilen. Die Sahne steif schlagen. Die Gelatine mit kaltem Wasser anrühren und in der Mikrowelle 20 Sekunden bzw. im Topf erwärmen. Gelatine und das zweite Päckchen Vanillezucker, etwas Zucker nach Geschmack und die Johannisbeeren unter die Sahne heben.

Die Sahnemasse auf den Biskuitboden geben. Biskuitdeckel aufsetzen und mit Puderzucker bestreuen.

Atelier Ingrid Zinkgraf

Die Handarbeit macht den Unterschied

War es der Umzug von Neustadt an der Weinstraße nach Leinsweiler oder war es ein allgemein neu erwachtes Interesse an der Töpferkunst? »Vor zwölf Jahren, als ich umgezogen bin, habe ich für die Töpferei keine Zukunft mehr gesehen und habe in dem Haus in Leinsweiler Gästezimmer eingerichtet, um ein zweites Standbein zu haben«, erzählt Ingrid Zinkgraf, Inhaberin des Keramikateliers. Doch das habe sich in den letzten zehn Jahren noch einmal komplett gedreht, fährt sie fort. Hieß es früher noch, die Kundschaft stirbt aus oder die Leute hätten schon alles, gibt es jetzt bei jungen Leuten wieder eine starke Tendenz hin zum handgemachten Geschirr-Service, erklärt die Künstlerin. »Die Gourmetküche hat Keramik in Teilen wieder salonfähig gemacht.«

Um ein zwölfteiliges Ess-Service auf der Töpferscheibe herzustellen, braucht die gelernte Töpferin eine gute Woche. Kein Teil ist wie das andere, die Signatur IZ steht für ihre exklusive Ware. »Ich arbeite auch für Sterne-Restaurants«, berichtet die Keramikerin stolz. »Die Köche kommen hierher und wir besprechen die Teller, die sie gerne hätten.« Gehen die Teller dann zur Neige, wird nicht nachgetöpfert, sondern gleich neu entworfen. Auch besondere Formen zur Präsentation ausgefallener kulinarischer Arrangements werden gemeinsam entwickelt und anschließend von der Künstlerin umgesetzt.

Ingrid Zinkgraf veranschaulicht an einem Teller den Produktionsprozess, angefangen beim Auspacken des Tons, den sie aus dem Westerwald bezieht. Eine Vakuum-strangpresse knetet den Ton noch einmal durch und entzieht ihm die Luft. Sobald er aus der Maschine kommt, muss er weiterverarbeitet werden, denn er darf keine einzige trockene Stelle haben. »Um gleiche Teller herzustellen, messe ich mir Stränge ab«, erklärt die Künstlerin.

ATELIER INGRID ZINKGRAF
Weinstraße 1 • 76829 Leinsweiler • Tel. 06345/94 21 43
E-Mail: ingrid.zinkgraf@web.de • keramikatelier-zinkgraf.de
Öffnungszeiten: Mi–Sa 14.30–18 Uhr, November bis März nach Vereinbarung

Damit ist gewährleistet, dass alle Teller auch gleich groß werden. Noch einmal muss der Ton durchgeknetet werden, um die durch die Maschine vorgegebene Struktur wieder zu entfernen. Die Töpferin schlägt den Ton anschließend zu einer Kugel, dann zentriert sie diese auf der Töpferscheibe.

Der sich auf der Scheibe drehende Ton wird nun durch gleichmäßigen Druck in die gewünschte Form gebracht. Ingrid Zinkgraf ist sehr schnell an ihrer Töpferscheibe. Im Handumdrehen hat sie aus dem Tonklumpen die Form eines Tellers herausgearbeitet. Zuletzt wird der Teller noch mit einem Draht abgeschnitten und mitsamt Scheibe herunter-

In den schönen Weinstraßen-Ort Leinsweiler passt das Keramikatelier von Ingrid Zinkgraf einfach perfekt. Zugeschnitten auf die Wünsche der Kunden produziert die Töpferin hier individuelle Keramik und beliefert damit auch Sterne-Restaurants.

genommen. Nachdem er zwei Tage getrocknet ist, kommt der von der Konsistenz her »lederharte« Teller wieder auf die Töpferscheibe, um die Unterseite zu bearbeiten. Der überschüssige Ton wird entnommen, der Teller versäubert und zwei bis vier Wochen bis zur vollständigen Trocknung gelagert. Nun geht es endlich für den ersten Brand bei 900 °C für zehn bis zwölf Stunden in den Brennofen. Danach wird der Teller in eine von der Töpferin entwickelte und hergestellte Glasur getaucht und noch einmal bei etwa 1250 °C gebrannt. Abschließend kühlt der Teller zwei bis drei Tage aus und ist dann fertig.

Weitere Begabungen der Künstlerin zeigen sich in der Herstellung kleiner keramischer Objekte in archaischen Brenntechniken und in der Malerei. Hier arbeitet Ingrid Zinkgraf abstrakt und auf das Wesentliche reduziert. In beidem, im Herstellen der Gebrauchskeramik und in der modernen Malerei, drückt die Künstlerin ihre Freude am Experimentieren aus. »Versuche in Form, Farbe und Materialien sind meine Triebfeder«, erklärt sie. Diese Werke schmücken die Wände rund um die Werkstatt sowie ihren Verkaufsraum und runden das Repertoire ihres kreativen Schaffens ab.

Ingrid Zinkgrafs Tipp:

Eine kleine Wanderung zur Madenburg, von wo aus man einen Traumblick in die Rheinebene hat. Die Burgschänke lädt zu einer Stärkung ein. Ab dem Atelier sind es etwa vier Kilometer und eine gute Stunde zu laufen. Man kann auch näher an die Burg heranfahren und geht dann nur noch einen Kilometer bergauf.

Mühlenladen

Kügler-Mühle

Wo Brot ein Gesamtkunstwerk ist

Hinter dem Hofladen plätschert munter der Mühlbach Queich vorbei. Im Innenhof herrscht geschäftiges Treiben, Säcke werden abgeladen. Die Gebäude der Mühle im Fachwerkgewand bieten eine adäquate Hintergrundkulisse. Die Tür zur modernen, hellen Brotwerkstatt steht offen – sie ist das kreative Zentrum und der Ort, an dem Julia Kügler aus einer gewöhnlichen Mühle etwas ganz Besonderes macht. »Die Familie kocht hier, wir essen hier, feiern Geburtstage und machen die Weihnachtsfeiern für die Mitarbeiter – es ist ein Ort der Zusammenkunft«, erläutert sie die vielen Funktionen dieses Raumes. Besonders stolz ist sie jedoch auf die Brot-Workshops, die sie regelmäßig anbietet. Dann entstehen in diesem schön restaurierten Raum, dem ehemaligen Schweinestall, unter ihrer fachkundigen Anleitung die leckersten Brote.

Julia Kügler leitet den Betrieb im Team mit ihrem Bruder Philipp bereits in dritter Generation. Die Geschwister haben die Mühle, die aus dem Jahr 1789 stammt, von den Eltern übernommen. Der Bruder ist Müllermeister und Betriebswirt, die Schwester ist neben dem Brotbacken für Marketing, Kommunikation mit Kunden, für die Homepage und Social Media zuständig. »Er ist der analytische Kopf und ich bin der kreative, kommunikative Part«, erklärt sie lachend. Der Vater liebt es aber, weiterhin die Futtermittel auszufahren. Die Mutter kümmert sich um die schöne Gestaltung des Anwesens, hier sieht Julia Kügler die Verbindung zu sich selbst – beide sind für das Schöne, Kreative zuständig.

Die Produktpalette der Mühle ist vielfältig: Neben der Brotbackwerkstatt ist der mit ausgewählten Produkten ausgestattete Hofladen das Herzstück der Mühle. Hier gibt es alles rund ums Backen, alles für das gesunde Frühstück, außerdem Schokolade, Tees, frisch geröstete Kaffeebohnen und regionale Produkte wie Honig, Apfelsaft und Nudeln. Außerdem stellt die Kügler-Mühle Futtermittel her. Mit allen Produkten werden auch Supermärkte beliefert. »Wir stehen auf mehreren Beinen: Brotbackmischungen, Brote, Mehl, Getreide, Tierfutter

KÜGLER-MÜHLE
Mühlweg 8 • 76833 Siebeldingen • Tel. 06345/18 44
E-Mail: mail@kuegler-muehle.de • kuegler-muehle.de
Öffnungszeiten: Mo–Fr 8–12 und 13–18 Uhr, Mi und Sa 8–12 Uhr

– für Pferde, Hunde, Katzen, Geflügel, Nagetiere, Nutztiere und Fische«, zählt die Inhaberin auf. Julia Kügler ist besonders stolz auf die Kooperation mit dem Tierfutter-Hersteller Josera.

Durch Philipp Küglers Ausbildung zum Müllermeister – nicht im Lebensmittel-, sondern im Futtermittelbereich – sind die Geschwister in der Lage, dem Boom bei regionalen Produkten zu entsprechen. »Viele halten sich nun plötzlich Hühner und brauchen entsprechendes Futter«, meint sie. Nicht mehr nur noch im ländlichen, sondern auch im privaten Bereich schaffen sich viele inzwischen Nutztiere an.

Der Großvater, der die Mühle als erster übernommen hatte, ist nur mit Mehl eingestiegen – »also Getreide mahlen, in Säcke abfüllen und zum Bäcker bringen«, erklärt die junge Frau. Heute beziehen die Küglers das Mehl, das sie selbst abfüllen, aus Mühlen im Badischen. Das Dinkelmehl kommt aus der Westpfalz, das Roggenmehl aus der Nähe von Landau. Alles kommt aus einem Umkreis von 100 Kilometern.

Die vielseitig begabte Julia Kügler kreiert nicht nur neue Brotrezepte. Sie fotografiert, gestaltet Flyer und Prospekte und hat auch die Bebilderung für die Verpackungen der im Hofladen verkauften mühleneigenen Produkte entworfen. Denn in ihrer Freizeit malt und zeichnet Julia Kügler. Sie hat zudem ein Händchen für Dekoration, regelmäßig finden Aktionen wie beispielsweise Adventskranzbinden statt. Freitags ist Brotbacktag, das weiß in der Umgebung auch jeder. Von nah und fern kom-

Immer freitags gibt es im Hofladen der Kügler-Mühle frisches Mühlenbrot, ein Weizenmischbrot mit knuspriger Kruste. Der Mühlenladen, die Brotwerkstatt, Tierfutter, Getreide und Mehl sind die verschiedenen Standbeine der Mühle in Siebeldingen.

men dann die Käufer des ofenfrischen Brotes. »Bei den Brotbackkursen, die samstagmittags angeboten werden, trete ich auch nicht so als Lehrerin auf«, gibt sich Julia Kügler bescheiden. Vielmehr stehe die Tür an diesen Tagen offen und sie lade ein zum gemeinsamen Brotbacken.

Viele spezielle Events bestimmen den Alltag des kreativen Kopfes der Mühle. Besonders gern erinnert sie sich an die Aktion, als eine französische Mitarbeiterin der deutschen Zentrale für Tourismus in Paris ein Live-Brotback-Event per Instagram mit ihr durchgeführt hat. Es richtete sich an Touristen, die in Deutschland Urlaub machen. »Mit meinen Französisch-Kenntnissen aus meiner Au-Pair-Zeit in Frankreich habe ich mich dann da durchgewurschtelt, das hat viel Spaß gemacht«, lacht die Brotbäckerin. »Wir sind gut aufgestellt mit meinem Bruder und den Jungs in der Produktion und mir und meinen Helferinnen in der Brotwerkstatt und im Laden – wir sind alle eine große Familie«, betont Julia Kügler. Sie freut sich über die Wertschätzung, die ihr für ihre Handarbeit zuteilwird – das ist einer der Gründe, warum sie nicht auf Märkten verkauft. Dort würde ihr das Besondere, Familiäre ihres Tuns fehlen.

Julia Küglers Tipp:

Eine der schönsten Ecken für Julia Kügler sind die Weinberge am »Keschdebusch« Richtung Annweiler – wie in einem ruhigen Mikrokosmos ist es dort. Wunderschön zum Spazieren, Malen und Picknicken und manchmal auch Übernachten im VW-Bus.

Brotkreation by Julia

Mal was Herzhaftes zum Selberbacken

Zutaten

½ Würfel Hefe
1 TL Zucker
500 g Dinkelmehl 630
250 g Roggenmehl 997
20 g Salz
1–2 TL Brotgewürz
ca. 550 ml Wasser

Zubereitung

Hefe mit dem Zucker und etwas Wasser in einem separaten Gefäß auflösen. Alle trockenen Zutaten vermengen. Schaumige Hefe und Wasser zu den trockenen Zutaten geben, dann 10 Minuten alles gut miteinander verkneten. Anschließend 50 Minuten gehen lassen. Den Teig erneut mit der Hand kneten und zu einem runden Laib formen. Mit Mehl bestäuben, einschneiden, 10 Minuten bei 250 °C backen, dann Temperatur auf 220 °C reduzieren und weitere 40–45 Minuten backen. Man erkennt fertiges Brot daran, dass es hohl klingt, wenn man auf die Unterseite klopft.

Pâtisserie Theodor

Hier ist Genuss ein ganzheitliches Erlebnis

Ein helles, modernes, jedoch schlichtes Ambiente erwartet Gäste, die die Pâtisserie Theodor betreten. »Wir glauben, dass Genuss ein ganzheitliches Erlebnis ist«, sagt Alexander Scheid, Konditormeister und Inhaber der Pâtisserie Theodor, die in Traumlage in der Altstadt von Landau zu finden ist. Das Erlebnis beginnt bei der minimalistischen, geschmackvollen Einrichtung, reicht über die Beschaffenheit der Tische bis zur Form des Geschirrs – aber natürlich beinhaltet es auch die Textur eines Törtchens oder einer Praline. Jeweils in eigener Produktion hergestellt, versteht sich. Seit August 2018 betreibt Alexander Scheid die Konditorei. Im Erdgeschoss befinden sich das Café und der Verkaufsraum, direkt darüber die Manufaktur, in der die Leckereien entstehen. Beide Geschosse haben eins gemeinsam: Der Blick fällt auf die gegenüberliegende, imposante Stiftskirche und die schmucken Fachwerkhäuser der Landauer Innenstadt.

Drei Konditoren stellen die Köstlichkeiten her. Alexander Scheid selbst ist Konditormeister, war im In- und Ausland in namhaften Pâtisserien tätig. Er hat sich in dieser Zeit viel Wissen angeeignet und viel ausprobiert. Mit gerade einmal 30 Jahren hat er mit der Pâtisserie Theodor nun seinen ersten eigenen Betrieb. »Unser Sortiment ist nicht riesengroß, aber alles, was wir herstellen, ist selbst gemacht. Ein Grund, warum ich diese Arbeit so liebe, ist die Kreativität, die benötigt wird«, schwärmt Scheid. Das Team überlege ständig aufs Neue, was die Gäste begeistern und was gut bei ihnen ankommen könnte und fragt sich: »Was schmeckt gut? Was ist modern?«. Wenn der Konditormeister etwas Neues austüftelt, hat er oft die Idee schon ganz genau im Kopf, das wird dann genau so umgesetzt. »Für manches brauche ich aber auch Entwicklungszeit«, erklärt er.

»Beispielsweise haben wir ein veganes Törtchen gemacht und haben wirklich vier oder fünf Anläufe gebraucht, bis wir es so verkaufen konnten«, erzählt der kreative Feinbäcker. Das sei dann schon sehr aufwändig. Gerade was vegane Produkte betreffe, bewege

PÂTISSERIE THEODOR
Marktstraße 88 • 76829 Landau • Tel. 06341/969 14 50
E-Mail: post@patisserie-theodor.de • patisserie-theodor.de
Öffnungszeiten: Di–Sa 9–18 Uhr, feiertags geschlossen

A. THEODOR SCHEID
OFTEN

man sich auf Neuland, so Scheid. »Man kann nicht einfach sagen, da fehlt noch Butter. Man ist etwas aufgeschmissen mit seinem Fachwissen und wir fangen bei Null an.« Es sei dann nur möglich, wieder von vorne anzufangen, einen anderen Weg zu gehen und andere Rezepte auszuprobieren. »Denn wir wollen ja, dass etwas Veganes genauso gut schmeckt wie etwas Nicht-Veganes«, so das Prinzip des jungen Mannes.

Deutsche Konditorei beispielsweise in Form von Schokoladen-Anschnitt-Torten gibt es in der Pâtisserie Theodor nicht. Alexander Scheid lässt sich aber davon inspirieren und bietet Kuchenklassiker als moderne Törtchen an. Deshalb ist ihm die Bezeichnung »Pâtisserie« auch sehr wichtig, das mache den Unterschied und stehe für das Hochwertigere, Feinere; durch die Grenznähe zu Frankreich kenne auch jeder in der Pfalz den Begriff. So wechseln sich kleine, kunstvoll verzierte und wie gemalt wirkende Törtchen ab mit bunten Macarons und den mit edler Valrhona-Schokolade überzogenen Pralinen in allen Formen und mit den unterschiedlichsten Füllungen. Die Frische ist dem Fachmann sehr wichtig. »Die Törtchen werden jeden Tag frisch gebacken – man könnte sie auch nach vier oder fünf Tagen noch essen«, berichtet Scheid. »Aber das ist nicht das, wofür wir stehen.«

Ergänzt wird das Angebot durch ein kleines Mittagsangebot. Zwei Sorten selbstgemachte Quiche und belegte Baguettes und Salate werden vormittags zubereitet. »Mir ging es auch schon oft so, man geht in eine Pâtisserie und

Das Interieur der wunderschön in der Landauer Innenstadt gelegenen Pâtisserie korrespondiert hervorragend mit dem Konzept: modern mit dem Sinn für das Schöne und heimatverbunden. Und die Produkte bieten das entsprechende Geschmackserlebnis.

hat vorher vielleicht noch Hunger. Dann ist es schön, wenn man erst einmal etwas Herzhaftes essen kann«, erklärt der Inhaber. Es ist auch ein Frühstücksangebot vorhanden, bei dem Alexander Scheid Regionalität sehr wichtig ist. Die Wurst kommt von einer Landauer Metzgerei, Eier von einem nahen Hof, die er an seinem freien Tag selbst dort abholt. »In allen Bereichen, wo es uns sehr wichtig ist, haben wir sehr hochwertige Rohstoffe, manches beziehen wir aber auch über den Großhändler, wie zum Beispiel Mehl, davon brauchen wir nicht viel«, so der Konditormeister.

Ich frage nach dem Namen der Pâtisserie – warum Theodor? Alexander Scheid lacht: »Wir hatten und haben viele in der Familie, die Theodor heißen, ich heiße auch so mit Zweitnamen. Ein Verwandter, der am Staatstheater in Karlsruhe Schauspieler war und neben Beamten und Soldaten der einzig Kreative in der Familie war, brachte mich schließlich zu dem Namen *Pâtisserie Theodor*. Und auf Kreativität legt der junge Inhaber großen Wert. Alexander Scheid, der aus dem Nachbarort Insheim kommt, brennt spürbar für seinen modernen, feinen Betrieb. Dass mit dieser Pâtisserie ein Traum für ihn in Erfüllung gegangen ist, zeigt sein schöner Satz auf der Homepage: Die Pâtisserie ist »ein Zuhause für das Schöne und Gute – mitten in der Pfalz, meiner Heimat«. Wer einmal da war, kann das nur bestätigen!

Alexander Scheids Tipp:
Ein Gang durch die Landauer Parks, denn es ist eine recht grüne Stadt mit sechs Parkanlagen, die teilweise miteinander verbunden sind.

Quiche Lorraine

Für alle, die es herzhaft mögen

Zutaten

Quiche-Teig
280 g Butter
50 g Eigelb
75 g Milch
10 g Zucker
8 g Salz
360 g Mehl Type 550

Füllung
Gruyère-Käse, gerieben
Bauchspeck, gewürfelt
Zwiebeln, gewürfelt
Schnittlauch

Quiche-Soße
180 g Milch
180 g Sahne
90 g Vollei
20 g Eigelb
2 g Salz
1 g Pfeffer
1 g Muskat

Zubereitung

Alle Zutaten für den Teig in der Maschine zu einem glatten Teig kneten. Auf 4 mm ausrollen und in die Form legen. Über Nacht im Kühlschrank ruhen lassen.

Alle Zutaten für die Füllung und die Sauce verrühren und die Quiche bis zum Rand befüllen. Backen bei 160 °C für ca. 50 Minuten, bis der gesamte Guss gestockt ist.

Carpe Diem Kunsthandwerk-Dekoration-Schmuck

Lebensmotto und Herzensangelegenheit

Hoffnung, Schweiß und Tränen, aber auch viel Enthusiasmus aufgrund der positiven Resonanz haben Evelyn Sturm durch den ersten Lockdown der Corona-Zeit gebracht. Denn kaum hatte sie ihren langgehegten Traum verwirklicht und im Januar 2020 ihren eigenen Laden eröffnet, kam im März der erste Lockdown. »Ich habe dann auch einen Onlineshop erstellt, da bin ich ganz stolz darauf, hab ich ganz alleine gemacht«, strahlt die Inhaberin des kleinen, feinen Kunsthandwerk-Ladens Carpe Diem in der Landauer Altstadt.

Vor ein paar Jahren ist Evelyn Sturm in die Pfalz gezogen und hat zunächst in einem Laden in der Theatergasse nach einer Aushilfsstelle gefragt. Die damalige Besitzerin brauchte keine Aushilfe – bot ihr aber stattdessen den ganzen Laden an! »Nach drei Tagen Überlegen habe ich das Angebot angenommen«, freut sie sich. Mit der neuen Aufgabe als Ladeninhaberin wurde sie zwar ins kalte Wasser geworfen, aber sie findet, »man muss mutig sein im Leben. Auch wenn man Angst hat oder unsicher ist, muss man es einfach probieren. Mehr als versagen kann man nicht.«

Evelyn Sturm, die ursprünglich Fachwirtin für Marketing ist und in einer großen Firma in Karlsruhe gearbeitet hat, ist zudem Yoga-Lehrerin. Im Rahmen der Yoga-Therapie hat sie immer mehr gemerkt, dass ihr das ganze Business und Schnelllebige überhaupt nicht mehr gefällt. »Ich bin dann aus Karlsruhe hierhergezogen und übernahm den Laden in der Theatergasse, der damals noch »Hingucker« hieß«, erzählt die Inhaberin. Diesen Namen

CARPE DIEM KUNSTHANDWERK-DEKORATION-SCHMUCK
Marktstraße 41 • 76829 Landau • Tel. 06341/939 96 60
E-Mail: carpediem-deko@web.de • carpediem-kunsthandwerk.de
Öffnungszeiten: täglich außer Mi 10–18 Uhr, Sa 10–16 Uhr, Mi nach Vereinbarung

Evelyn Sturms Tipp:

Am Gästehaus Sankt Annagut in Burrweiler parken und hinauf zur St. Annakapelle laufen, die auf dem St. Annaberg steht. Von dort hat man einen herrlichen Blick über das Rheintal bis hin zum Odenwald und zum Schwarzwald.

durfte sie nicht behalten und so entschied sie sich für ihr Lebensmotto – Carpe Diem. Die Eröffnung erfolgte noch im alten Laden. Während des nächsten Lockdowns im Dezember 2020 zog Evelyn Sturm um in die Marktstraße, wo ihr Laden viel besser gesehen wird. »Ich bin jetzt so glücklich mit der Lage und dem Laden«, erklärt sie. Man merkt ihr die Freude an ihrer Tätigkeit an! Viele Stammkunden, die die Besonderheit von Handgearbeitetem zu schätzen wissen, kommen gerne in den Laden.

Zu Evelyn Sturms offener, herzlicher und besonnener Art passen die fröhlichen, außergewöhnlichen und ansprechenden Kunsthandwerkstücke, Deko-Artikel und Schmuckstücke ganz ausgezeichnet. Zu jedem Stück kann sie eine kleine Geschichte erzählen – da sind die Grußkarten mit echten, getrockneten Blüten, die ihr eine ältere Dame regelmäßig zum Verkauf bringt. Da sind die »griechischen Ladies«, ihre Bestseller aus Griechenland: kunsthandwerkliche Tischlampen in Form von Frauenfiguren aus Holz, in tollen Kleidern und mit umgekrempelten Regenschirmen, in denen sich eine Lampe befindet. Da sind die selbstgeschnitzten Holzkunstwerke, die ihr jemand bringt, der alten Böden aus einer Renovierung neues Leben eingehaucht hat. In diesen Gegenständen ist Leben – und alles zusammen steht für ihr Lebensmotto, jeden Tag zu genießen. »Wenn Kundschaft vor Sachen länger stehenbleibt, gehe ich hin und erzähle ihnen die Geschichte dazu. Das ist für sie das Besondere hier«, weiß Evelyn Sturm.

Ansprechend und mit viel Herzblut dekoriert sie ihre individuell und liebevoll ausgewählten Verkaufsartikel in ihrem Laden, den sie, wie sie sagt, jeden Morgen mit einem Lächeln auf den Lippen aufschließt. Sie wählt ihre Ware danach aus, was auch ihr gefällt und sie selbst anspricht. Manches sind Einzelexemplare, vieles findet sie auf Messen und Kunsthandwerkermärkten. Ist sie beispielsweise am Bodensee oder im Allgäu unterwegs, sucht sie gezielt nach Läden, die auf Geschenke und Deko spezialisiert sind. »Da gehe ich dann rein und quatsche mit den Leuten, ich hatte auch schon viele schöne Erlebnisse und habe ganz tolle Menschen kennengelernt.« Völlig unerwartet hat sie auch schon im Urlaub Kunsthandwerker kennengelernt, von denen sie nun regelmäßig Waren bezieht. »Stück für Stück kommt zusammen. Gezwungenermaßen fährt man auch viel in der Gegend rum – es macht einfach Spaß«, sagt Evelyn Sturm mit großer Überzeugung. Ganz im Sinne, wie es auch auf ihrer Homepage steht: »Nutze, pflücke den Tag, jeden Tag …«

Wer das Besondere sucht, ist bei Evelyn Sturm richtig: Fröhliches, geschmackvolles und individuelles Kunsthandwerk gibt es bei der herzlichen Inhaberin zu kaufen – man nimmt auch immer ein Stückchen ihres Lebensmottos – Carpe Diem – mit.

Matthias Göhr

Surreale Tier-Impressionen

Er malt in gedeckten Farben, viele Tiere finden sich in seinen Werken – eher Fabeltiere als reale, eher welche, die zum Nachdenken animieren, weniger für Kinder gedacht sind. Mäuse, Esel, Schweine, Fische und diverse Vogelarten tauchen immer wieder auf und vor allem Hunde. Der Künstler Matthias Göhr ist selbst Hundebesitzer, vielleicht ist der treuste Freund des Menschen deshalb eins seiner bevorzugten Sujets? Aus großen Flächen stechen die abgebildeten Tiere heraus und fordern die Fantasie des Betrachters. Sein Kunststil ist eine Mischung aus abstrakter Malerei, Surrealismus und Symbolismus.

Matthias Göhr erklärt seine Intention: »Meine Motive sind ein Mix aus Erinnerungen, Selbsterlebtem, Erdachtem – im Prinzip male ich mich immer selbst. Meine Bilder sind verschlüsselt, ich male rein aus der Fantasie.« Mit »sich selbst malen« meint er Kindheitserinnerungen oder Elemente seiner Biografie, die er so verarbeitet. Ein Bild mit zwei Eseln hat er beispielsweise »Franz und Paul« genannt, das seien zwei Brüder seiner Oma gewesen. Er erklärt seine Motive nicht gerne, sondern malt lieber einfach aus dem Kopf heraus und überlässt es jedem selbst, zu interpretieren, was man sieht. Hier lebt und arbeitet er nach dem Motto: »Kunst hat immer zwei Seiten, die des Malers und die des Betrachters.«

»Ich male mit Acrylfarben, die ich selbst zusammenmische, auf Papier, das klebe ich dann auf festes Segeltuch«, erklärt der Künstler. »Dadurch entsteht eine plastische, leicht knittrige Oberfläche, sie lässt die Farben matt wirken.« Am liebsten fertigt er Bilder auf quadratischen Formaten an. Gefragt nach der Inspiration, meint er, dass er manchmal eine Grundidee hat, manchmal malt er aber einfach drauflos. Manchmal entstehen auch Tiermischungen und manchmal ist er selbst nicht sicher und sagt: »Das hier könnte ein Delfin sein.« In einigen Tieren sind bei genauem Hinschauen auch noch weitere Tiere versteckt – im Hund also noch einmal ein Vogel und noch ein Hund. »Das sind so Spiele mit den Augen«, lächelt Göhr. »Je länger man drauf schaut, desto mehr Figuren kommen heraus.« Als Kind war der Künstler oft im Wald und deshalb

MATTHIAS GÖHR
Nordring 30 • 76829 Landau • Tel. 0177/916 24 60
E-Mail: atelier@matthiasgoehr.de • matthiasgoehr.de

Glück
Erfahrung
Lektion
Gutes aus
ALPENMILCH

bestimmen Tiere, auf die er dort traf, schon immer sein Leben.

Der gebürtige Landauer ist Autodidakt. Früh hat er schon als Kind durch seinen Großvater, der gemalt hat, Kontakt zur Kunst bekommen. Später hat er große Maler kopiert und Künstler kennengelernt, von denen er sich das eine oder andere abgeschaut hat. Er hat jedoch einen eigenen Stil entwickelt, der unvergleichbar ist. Seit 1992 ist Matthias Göhr selbstständig und lebt von seiner Kunst. Er arbeitet in hellen, lichtdurchfluteten Räumen eines alten Fabrikgebäudes im Landauer Nordring. Dort hat er auch ein Lager, wo ordentlich verpackt viele seiner Kunstwerke in allen Formaten darauf warten, auf Ausstellungen ge-

Der Landauer Matthias Göhr ist freischaffender Künstler, dessen Tierfiguren im Mittelpunkt stehen und geradewegs aus einem Märchen zu stammen scheinen. Wer richtig hinschaut, entdeckt in den offensichtlichen Tierfiguren versteckte weitere …

zeigt oder verkauft zu werden. Bei jedem einzelnen weiß er, wo es sich befindet, wenn er danach sucht.

Auch auf Ausstellungen ist Matthias Göhr regelmäßig vertreten. Nicht nur in der Pfalz – dort vorwiegend – sondern in ganz Deutschland oder auch in der Schweiz. Bilder von ihm hängen sogar bei privaten Käufern in London. Manche Galeristen werden über Facebook auf ihn aufmerksam, manche durch die Kunstgilde Bad Bergzabern, in der er Mitglied ist. »Viele Leute sammeln mich und rufen immer wieder an und wollen ein Bild«, erklärt Göhr. Auftragsarbeiten erfüllt er nicht gerne, weil Wünsche und Vorstellungen sehr spezifisch sind und sich nach der Fertigstellung oft herausstellt, dass die Leute doch andere Vorstellungen hatten.

Der erste Malschritt beginnt auf dem Boden. Matthias Göhr kniet, umgeben von seinen Farben, und hat vor sich einen großen Bogen Papier. Dann legt er los und malt den abstrakten, groben Untergrund – hier legt er fest, ob es ein helleres oder dunkleres Bild werden soll. Dann lässt er es trocknen, klebt es auf Leinwand auf und malt dann an der Staffelei weiter. Dadurch entsteht der besondere Effekt, dass die Papierschnipsel an manchen Stellen aus dem Bild herausstehen. »Ab einer Größe von 1,40 Meter mache ich es nicht mehr auf Papier, sondern nur noch auf Leinwand«, erläutert der Künstler. Kleinformatige Bilder, die er gerne verkauft, und Werke für den Kunstautomaten in Rheinzabern komplettieren das Repertoire des Künstlers, dessen Werke mit den Zwitterwesen, den tierischen Geschöpfen und den Verschlingungen und Versteckspielen einen ganz speziellen Stil repräsentieren.

Matthias Göhrs Tipp:

Mit dem Hund auf der Kleinen Kalmit bei Ilbesheim spazieren gehen und dort den schönen Rundum-Ausblick genießen.

KulturCantina

Kultur und Essen zusammen serviert

In Landau hat der Satz »Ich gehe ins Gefängnis« eine ganz andere Bedeutung: Nicht etwa in einer grauen, unfreundlichen Strafvollzugsanstalt findet man sich dann wieder, sondern ganz im Gegenteil in einem lichtdurchfluteten, gemütlichen und ansprechend dekorierten Backsteingebäude. Hier duftet es nach leckerem Essen und man flaniert auf dem Weg zu einem hübsch eingedeckten Tisch an Auslagen mit Büchern, Kunsthandwerk, Deko-Accessoires und Geschenkartikeln vorbei. »Ich lese furchtbar gerne und ich liebe es, zu kochen«, schwärmt KulturCantina-Chefin Claudia Ballester. Und so ist das Konzept entstanden: Kultur trifft auf Essen, warum also nicht mal bei einem hausgemachten Linsen-Curry einen Blick in ein interessantes Buch werfen oder nach einem schönen Geschenk stöbern?

Dass die feilgebotene Buchauswahl von einer Fachfrau stammt, merkt man sofort. Das Leseangebot hat eine persönliche Note, ausgewählte Belletristik wird ebenso verkauft wie regionale Reiseführer und besondere Bilderbücher. Claudia Ballester ist gelernte Buchhändlerin und kocht schon immer leidenschaftlich gerne: »Schon vor 20 Jahren habe ich mit Freunden darüber gesprochen, dass ich meine Leidenschaft für Bücher und fürs Kochen miteinander verbinden möchte.« Als sie vor neun Jahren ihre Anstellung in einer Ettlinger Buchhandlung verlor, war ihre Überlegung: »Warum nicht jetzt? Machen wir's einfach!« Nach langem Suchen wurden dann die passenden Räumlichkeiten gefunden – im ehemaligen Gefängnis von Landau! 1998 wurden das Gebäude und der ehemalige Gefängnishof saniert und um einen Glasbau ergänzt. »Wir wollten eine offene Küche, um immer in Kontakt mit den Gästen zu stehen«, erklärt die Inhaberin. Und dafür eignete sich das Gebäude perfekt! 2014 wurde die KulturCantina eröffnet.

Zunächst betrieb Ballester das Bistro-Café gemeinsam mit einer Freundin, die schied jedoch gesundheitsbedingt nach zwei Jahren aus. Seitdem ist Claudia Ballester allein für das Bistro verantwortlich, seit acht Jahren lebt sie auch in Landau. »Für dieses Konzept braucht man ein offenes Publikum«, ist ihre Meinung. In der

KULTURCANTINA
Ostbahnstraße 3 • 76829 Landau • Tel. 06341/987 45 96
E-Mail: info@kulturcantina.de • kulturcantina.de
Öffnungszeiten: Di–Fr 9–16 Uhr, Sa 9–14 Uhr

Pfälzer Tradition ist Geselligkeit wichtig und dieses Konzept wollte Claudia Ballester auch für sich umsetzen. »Die Leute sollen zusammensitzen. Deshalb haben wir drei große Tische statt vielen kleinen, und das hat funktioniert«, berichtet sie stolz. Manche Stammgäste kommen schon seit der Eröffnung und haben sich teilweise auch hier kennengelernt. Bei Reservierungen wird oft der Wunsch geäußert, mit bestimmten anderen Gästen an einen Tisch gesetzt zu werden. »Mir wurde es hier leicht gemacht«, strahlt Claudia Ballester. Anfangs habe sie niemanden gekannt, aber inzwischen habe sich ihr gesamtes soziales Umfeld nach Landau verlagert.

Nach dem Frühstück am Morgen steht Claudia Ballester – für jeden ansprechbar – in ihrer offenen Küche und zaubert das Mittagessen, geprägt von internationaler Küche. Es besteht meist aus einem vegetarischen und einem Fleisch- oder Fischgericht. Eine Variante ist glutenfrei. Die begabte Köchin verwendet vorwiegend regionale Produkte, alles wird frisch zubereitet, es gibt keinerlei Fertiggerichte oder Gewürzmischungen bei ihr. Auf der Speisekarte stehen sowohl klassische Gerichte wie Tafelspitz oder Rouladen als auch experimentelle Köstlichkeiten wie Pasta orientalisch oder Kürbis-Parmigiana. Zum Abschluss gibt es Kaffee und selbst gebackenen Kuchen. »Es gibt Leute, die kommen seit acht Jahren und haben noch nie ein Buch gekauft«, erzählt Claudia Ballester. Umgekehrt kommen Kunden in die Buchhandlung und haben noch nie einen Kaffee getrunken. »Tatsächlich gibt es aber viele, die beides miteinander kombinieren«, so die Inhaberin.

Ein leckeres, hausgemachtes Essen, eine zugewandte Inhaberin und Kultur in Form von ausgewählten Büchern und feinem Kunsthandwerk – das vereint Claudia Ballester in ihrer KulturCantina inmitten von Landau. Genuss gepaart mit Lebenselixier!

Claudia Ballesters Tipp:

Einer der Lieblingsplätze von Claudia Ballester ist der Klostergarten. Oft sitzt sie dort mit einem Buch und genießt die friedliche Stimmung.

Solche Gäste kommen dann zum Frühstück und finden ein Buch und vielleicht auch noch ein Geschenk. Denn das dritte Standbein der Kultur-Cantina ist das Kunsthandwerk. Im Wechsel bieten Künstler ihre Produkte an, auch die Kunst an den Wänden stammt von meist lokalen Kreativen, die im Bistro-Café ihre Werke zeigen können. »Wenn man will, kann man hier drei Bedürfnisse auf einmal befriedigen«, so Claudia Ballester.

Die Krönung ist der Außenbereich. So gemütlich und interessant es in den Innenräumen ist, so lauschig ist ein Plätzchen im Sommer im Innenhof. Dort finden auch mal kleine Sommerkonzerte statt. Auch Lesungen bietet die Kultur-Cantina an, denn als Buchhändlerin ist es Claudia Ballester ein Bedürfnis, Autoren einzuladen.

»Das hier ist mein Herzblut, es ist das, was ich immer machen wollte«, sagt die Besitzerin mit großem Nachdruck. »Ich habe lange Arbeitstage, aber es erfüllt mich und macht unglaublich viel Spaß. Jeder Tag ist anders. Sie freut sich über neue und vertraute Gesichter, manche Gäste wollen mal in den Kochtopf schauen, lacht sie. »Hinter geschlossenen Türen im stillen Kämmerlein zu kochen, kann ich mir gar nicht vorstellen.« Zu der Erfüllung, die sie in ihrem Bistro-Café erfährt, gesellt sich die Liebe zu Landau als Wohnort. Claudia Ballester schwärmt: »Es gibt viele inhabergeführte kleine Läden, man ist schnell im Grünen, es gibt tolle Parks – ich lebe hier total gerne«, bekennt die ehemalige Ettlingerin. Man habe ihr das Ankommen sehr leicht gemacht. Das passt wunderbar ins Konzept – denn das ist rundherum auf Kommunikation ausgerichtet!

Gebratener Seelachs auf Senf-Linsen-Gemüse

Fischgericht mit krosser Panade für Feinschmecker

Zutaten

200 g Möhren
200 g Staudensellerie
150 g Berglinsen
150 ml Weißwein
450 ml Gemüsebrühe
1 Stange Lauch, ca. 200 g
1 Bund Dill
1 Becher Schmand
1–2 TL mittelscharfer Senf
1–2 TL körniger Senf
Salz
Pfeffer
neutrales Öl
Seelachsfilets,
ca. 180–200 g
pro Person
Mehl zum Mehlieren

Zubereitung

Möhren und Sellerie putzen, waschen und fein würfeln.

Öl in einem Topf erhitzen. Das gewürfelte Gemüse und die Linsen darin andünsten.

Wein und Gemüsebrühe zugeben und bei mittlerer Hitze ca. 30–35 Minuten köcheln lassen.

Währenddessen den Lauch längs halbieren, waschen und den hellen Teil in feine Streifen, das dunklere Grün in Würfel schneiden.

4 kleine Zweige Dill als Deko beiseitestellen, den Rest grob hacken.

Schmand, Senf, Lauch und Dill unter das Gemüse rühren, weitere 3–4 Minuten ziehen lassen und mit Salz und Pfeffer je nach Geschmack abschmecken.

Fisch portionieren, mit Salz und Pfeffer würzen und leicht mehlieren.

In einer Pfanne von beiden Seiten kross anbraten.

Fisch auf dem Gemüse anrichten und mit Dill und grob gemahlenem Pfeffer dekorieren.

Dazu passen ein Bauernbrot oder kleine gebratene Kartoffelwürfel.

Tipp: Im Winter kurz vor dem Anrichten noch blanchierte Wirsing-Streifen unter das Gemüse mischen.

Als vegetarische Variante schmeckt das Gemüse auch wunderbar zu Pasta oder gebackener Polenta.

An der Weinstraße

Weinessiggut Doktorenhof

Essig vom Allerfeinsten!

Zugewuchertes Gemäuer, ein schmiedeeisernes Tor, das in den verwunschenen Innenhof führt, und schließlich der Verkaufsraum, der einem kurz den Atem stocken lässt – der Doktorenhof ist weit mehr als eine Essigmanufaktur! Was sich in der beschaulichen Ortschaft Venningen verbirgt, ist ein Kleinod. Hier werden alle Sinne angesprochen – sei es beim Rundgang in Mönchskutte durch den stimmungsvoll beleuchteten Keller mit den Essigfässern und dem durchdringenden Essiggeruch, sei es bei den Mönchsgesängen, die den Rundgang begleiten, oder sei es bei der Essig-Verkostung – auf dem Doktorenhof wird Essig zu etwas sinnlich Erfahrbarem.

Das Gebäude, in dem sich der Doktorenhof befindet, war früher ein Raiffeisenladen. Seit 35 Jahren betreibt Inhaber Georg Wiedemann in den Gemäuern die Essigmanufaktur. Es ist ein traditionelles Familienunternehmen, alle Vorväter waren Winzer und Bauern. »Meine 7-jährige Enkeltochter ist sich jetzt schon sicher, dass sie auch mal Essig herstellen wird«, erzählt Wiedemann stolz. »Manufaktur ist bei uns wörtlich gemeint«, erklärt er. Hier ist alles vom ersten bis zum letzten Schritt Handarbeit, angefangen bei den Arbeiten im eigenen Weinberg über das Ausbauen der Essige in der Essigstube und Lagern in Fässern bis hin zur Abfüllung, dem Verkorken und Verpacken in mundgeblasenen Flaschen und Flakons. So wird jeder Essig zum Unikat!

Der Inhaber ist zudem künstlerisch begabt. Die Bilder an den Wänden malt Georg Wiedemann selbst. Er schreibt außerdem Bücher mit Märchen, Gedichten und Rezepten. Das Multitalent amüsiert sich selbst darüber. »Neulich hat mich jemand gefragt, wie man so vielseitig sein kann«, berichtet er. In einem gemütlich und mit Antiquitäten ausgestatteten Raum finden Lesungen statt, bei denen Wiedemann seine Märchen und Gedichte präsentiert, hier

WEINESSIGGUT DOKTORENHOF
Raiffeisenstraße 5 • 67482 Venningen • Tel. 06323/55 05
E-Mail: essig@doktorenhof.de • doktorenhof.de
Öffnungszeiten: Mo–Fr 9–17 Uhr, Sa 9–14 Uhr

zur Essigstube

Georg Wiedemanns Tipp:

Im Herbst auf den Spuren König Ludwigs I., der einst 20 000 Kastanienbäume im Pfälzerwald hat pflanzen lassen. Start an der Villa Ludwigshöhe bis zur Rietburg und zum »Schönen Punkt«, einer wunderbaren Aussichtsplattform.

werden auch Verkostungen angeboten. Vier Glasbläser stellen die filigranen Probiergläser ebenfalls in Eigenarbeit her.

Der gebürtige Pfälzer bekräftigt mehrmals, dass der Betrieb so überschaubar bleiben soll – keine Belieferung von Supermärkten, keine maßgeblichen Vergrößerungen. Der Familienbetrieb, der auch einen Bauernhof mit Tieren umfasst, soll so bestehen bleiben. »Wir essen als Familie jeden Tag gemeinsam zu Mittag«, erzählt er, froh darüber, dass dies trotz aller Arbeit möglich ist. »Ich habe nicht den Anspruch, mehr, mehr und noch mehr zu wollen – das ist meine Philosophie«, betont er. Dadurch bleibt ihm die Möglichkeit, sich auch auf andere Dinge wie das Verfassen von Märchen und Gedichten zu konzentrieren.

Wer eine Essigführung gebucht hat, erhält eine Erlebnisführung. Gehüllt in Roben geht es in den Essigkeller, ins Allerheiligste des Doktorenhofes. Die Räume sind mit Kerzenlicht beleuchtet, in alten Holzfässern gären und reifen die Essige. Es geht durch den Hauptkellerraum. Alles wird gemacht wie vor hunderten von Jahren. Nach der Ernte werden die Weine drei bis vier Jahre gelagert. Dann wird Essigmutter hinzugefügt, die Essige gären anschließend 15 Monate. Die Essigmutter – das Sacrosanctum –, die wie in einem Heiligenschrein wirkungsvoll in Szene gesetzt ist, ist in jedem Fass enthalten. »Es ist ein lebendiges Bakterium, das sich nur von Alkohol ernähren kann – ohne geht die Essigmutter kaputt«, erklärt der Experte.

In jedem Raum wird eine andere Geschichte erzählt. Und jeder Raum riecht auch anders. Ganz besonders werden die Geruchsnerven im

Kräuterraum gefordert; dort lagern etwa 300 Sorten Kräuter. »Wir sammeln viele davon selbst«, sagt Wiedemann. »Wir gehen durch den Wald und über die Felder und haben außerdem selbst ein Safranfeld – eins der größten Deutschlands.« Immer im Herbst wird das kostbare Küchenaroma geerntet und verarbeitet – auch das wieder in mühevoller Handarbeit. Die Safranfäden werden in die Essige »Papst Gregor Safran«, »Königin Luise Safran« und in den »Zauberpflanzen-Balsam« (siehe Rezept) gelegt. Somit wird auch hier jede einzelne Flasche zum Unikat. Aber auch arabische und asiatische Kräuter befinden sich in der wunderschön präsentierten Kräutersammlung.

»Wir sind auf der einen Seite ganz traditionell, auf der anderen Seite vermarkten wir professionell«, erläutert der Inhaber. Viele 3-Sterne-Restaurants zählen zu den Kunden des Doktorenhofs. Bei der abschließenden Verkostung – ja, Essig kann man trinken! – lernen wir die Welt der Essige auf eine ganz neue Art kennen. Dazu werden Essigpralinen und Essigbrot aus eigener Herstellung gereicht.

Der Sinnlichkeit, die sich durch die gesamte Essig-Produktion wie ein roter Faden zieht, sind auch die Namensgebungen der Essige durchaus würdig: »Engel küssen die Nacht« heißt ein Essig mit wilden Kirschen und Vanille. »Wenn Schmetterlinge lachen« mit Passionsfrüchten ist ein exotisch-mediterraner Essig. »Der Vatermörder« ist ein feiner Digestif-Essig mit 19 verschiedenen Kräutern. Zum Verfeinern gewöhnlicher Speisen scheinen all diese Kreationen fast zu kostbar …

Die feinen Essige mit den sinnlichen Namen passen hervorragend in die Gemäuer des Doktorenhofes, eines ehemaligen Raiffeisenladens. Die Führungen sind ein Event, die Verkostungen ein Geschmackserlebnis und die exotischen Essige einzigartig.

Klare Gemüsesuppe mit Safran-Zauberpflanzen-Balsam

Feinster Essig als i-Tüpfelchen

Zutaten

je 100 g Lauch, Karotten, Sellerie
50 g Brokkoli
1 kl. Zwiebel (evtl. in Ringe schneiden)
je 50 g braune Champignons, Pfifferlinge, Austernseitlinge
ca. 1 Liter selbstgekochte Gemüsebrühe
2 EL Safran-Zauberpflanzen-Balsam
Pfeffer und Salz nach Gusto

Vorbereitung

Gemüse waschen, schälen und in Würfel schneiden.

Pilze reinigen (Bürste, kein Wasser) und nicht zu klein schneiden.

Zubereitung

Brühe erhitzen und Gemüse darin kurz aufkochen. Hitze herunterdrehen auf kleine Flamme, Pilze hinzugeben und einfach mit erwärmen. Safran-Zauberpflanzen-Balsam in die Suppe geben, mit Pfeffer und Salz würzen.

Sehr warm servieren. Dazu passt frisches Baguette vom Handwerksbäcker.

SAFRAN BALSAM

TRAENEN DER

Hutatelier Karin Volz

»Mut zum Hut«

Das ist – passenderweise! – das Motto von Karin Volz, Besitzerin des Hutateliers in der Hauptstraße in Neustadt. Denn Hüte werden nach Aussage der Fachfrau längst nicht mehr so oft und selbstverständlich getragen, wie es einmal der Fall war. »Viele Kunden fragen aber tatsächlich noch angefertigte Hüte nach«, freut sich die Modistenmeisterin. »Die meisten möchten aber lieber einen *Allrounder*, also einen Sonnenhut oder einen Regenhut.« In besonderen Fällen bestellen Kunden ausgefallene Hüte, beispielsweise Brautmütter für die Hochzeit ihres Kindes. »Die Mütter möchten ja der hübsch aufgemachten Braut nicht nachstehen und für dieses Fest einen besonderen Hut tragen«, schmunzelt Karin Volz. Die Kundinnen bringen dann ihr Kleid mit, denn Stil und Farbe sind für die Anfertigung des Hutes sehr wichtig. Zuerst macht die Expertin einen Vorschlag und kreiert etwas Passendes, das dann probiert wird. »Man darf sich nicht verkleidet vorkommen«, ist ihr sehr wichtig.

Zu den Kundinnen des Hutateliers zählen auch die Besucher der Pferderennen in Iffezheim, erfahre ich überrascht. Aber auch den Bürgermeister aus dem Nachbardorf hat die Modistin schon mehrfach ausgestattet. »15 Jahre lang hat er für die Kerwe Hüte bestellt«, erzählt sie. »Es sollte unbedingt etwas Besonderes sein, nichts Normales«, setzt sie lachend hinzu. Oft kommen Kunden auch in den Laden und bringen einen alten Hut oder Stoffreste mit und Karin Volz entwickelt daraus etwas Neues.

Die aus Schwerin stammende Modistin hat nur drei Jahre als Gesellin gearbeitet, bevor sie bereits mit 21 Jahren die Meisterprüfung ablegte – als jüngste Meisterin. Die Ausbildung absolvierte sie bei einer Französin in Neustadt, die sie jedoch anschließend nicht übernehmen konnte, und so arbeitete Karin Volz, die schon

HUTATELIER KARIN VOLZ

Hauptstraße 17 • 67433 Neustadt an der Weinstraße • Tel. 06321/843 65
E-Mail: info@hutatelier-volz.de • hutatelier-volz.jimdosite.com
Öffnungszeiten: Mo–Fr 10–13 und 14–17 Uhr, Sa 10–13 Uhr

Karin Volz' Tipp:

Ein Besuch im Kurgarten von Bad Dürkheim. Hier blüht immer etwas und man kann sich einfach hinsetzen und die Ruhe genießen.

als Kind in die Pfalz gekommen ist, zunächst als Meisterin in Bad Dürkheim. Diesen Laden übernahm sie 1981 und ein paar Jahre später parallel einen weiteren in Neustadt am Marktplatz. »Ich pendelte zwischen den beiden Ateliers hin und her«, erzählt Karin Volz. »Ein halber Tag hier und ein halber dort, ich habe das mit Lehrlingen zusammen gemacht«, erinnert sie sich. Doch dann wollte der Vermieter des Geschäfts in Bad Dürkheim die Räumlichkeiten selbst nutzen und so konnte sie sich auf Neustadt konzentrieren. Dort erfolgte 1995 der Umzug in die Hauptstraße, wo das Hutatelier Volz bis heute zu finden ist.

Karin Volz geht in ihrem Beruf auf. Das verdeutlicht auch ihr Lebensmotto von Konfuzius: »Wähle einen Beruf, den du liebst, und du brauchst keinen Tag im Leben mehr zu arbeiten«. Das nimmt man ihr sehr leicht ab – strahlend steht die Inhaberin des Ateliers inmitten ihrer bunten, einfachen oder aufwändig gearbeiteten, dezenten oder auffälligen Hüte – aber alle haben eins gemeinsam: Sie sind mit Hingabe angefertigte Unikate! »Wenn ich mit einer Kundin bespreche, was sie haben möchte, dann mal ich das nicht auf«, erklärt die Fachfrau. »Die Kunden müssen mir vertrauen«, das sei wichtig. Sie gibt ihnen auch oft Material – Hutstumpen und Farbmuster – in die Hände, damit das Endprodukt besser vorstellbar ist. »Aber es ist schon ein bisschen Fantasie gefragt.« Bei manchen Hüten erstellt sie zwei bis drei Garnituren, die dann austauschbar sind. Für die Fertigung eines Hutes benötigt sie eine Woche, manchmal auch zwei. Papierkram dagegen bleibt bei der Künstlerin gerne mal liegen. »Geben Sie mir etwas in die Hand und lassen Sie mich kreieren, da bin ich gleich dabei«, gesteht sie lachend.

Karin Volz arbeitet nur Frauenhüte, Hüte für Männer bezieht sie von einem Lieferanten, der eine kleine Fabrik in Bamberg betreibt. Chinaware gibt es bei ihr nicht, darauf legt sie Wert. Die Modistin ist mit ihrem Hutatelier ein Exot in der Pfalz. Es gibt nur noch wenige Ateliers, bestätigt sie, eins in Speyer und eins in Kaiserslautern. Auch Ausbildungsplätze sind entsprechend rar. Karin Volz beteuert jedoch, dass sie noch lange Freude an ihrer Arbeit haben wird. Ihr ist wichtig, dass ihre Kunden gut »behütet« sind. »Denn«, so die Künstlerin, »ein Hut bei einer Dame ist wie das Salz in der Suppe«.

Hüte sind ein sehr individuelles Accessoire. Modistin Karin Volz kreiert in ihrem Atelier in Neustadt Hüte für jeden Anlass: für Reisen, die Pferderennbahn, die Hochzeit des Kindes, aber auch für den Alltag, einfach, weil's schön ist.

Genießerhäuschen Confiserie Michel

Pâtisserie – Chocolaterie im Herzen Neustadts

Petra Müller-Ernst, zusammen mit Jochen Müller Inhaberin der Confiserie Michel, schmunzelt: »Meinem Mann wird man wohl mal den Rührbesen mit ins Grab legen müssen.« Wir stehen im Gebäude hinter dem Laden, in dem das Ehepaar all die Leckereien verkauft, die hier hinten gezaubert werden. Ich lasse mir Kakaobohnen aus Madagaskar oder der Dominikanischen Republik zeigen und mir erklären, wie in Lübeck Pistazienmarzipan aus 40 Prozent Pistazien aus Sizilien und 60 Prozent Mandeln hergestellt wird. Jochen Müller verwendet dieses Marzipan auch für seine Kastanien-Praline »Keschde«, eine sündhaft leckere Imitation einer Kastanie in ihrer Schale mit einer Mandel-Haselnuss-Nougat-Füllung, abgetrüffelt mit Valrhona-Schokolade.

Neben den Kastanien sind auch die Köstlichkeiten »Mandelblüte«, »Eicheln« und »Sandsteine« eine Hommage an die schöne Pfalz. Alles, was einem beim Blick in die Theke das Wasser im Mund zusammenlaufen lässt, stammt aus eigener Produktion.

Der Konditormeister stammt ursprünglich aus Neustadt, war aber 15 Jahre lang in ganz Deutschland und in Frankreich unterwegs. Er hat sich weitergebildet, Preise und Auszeichnungen gewonnen sowie an Weltmeisterschaften in Las Vegas und an der Ausstellung Artistik Schokoladensalon in Straßburg teilgenommen. Seit 2005 ist er zurück in der Heimat und führt mit seiner Frau Petra die Confiserie Michel mitten in der Fußgängerzone von Neustadt – seinen 14. Betrieb! Seine Frau vermutet, dass es nicht der letzte bleiben wird. Aber es ist der erste eigene, an allen anderen war er nur beteiligt. »Mein Onkel kannte Herrn Michel, der mit 69 Jahren aufgehört hat. Das Angebot seines Cafés haben wir eins zu eins übernommen, dann haben wir angefangen, zu verändern«, so Müller. Petra Müller-Ernst erzählt, dass ihr Mann bereits im Alter von sechs Jahren seiner

GENIESSERHÄUSCHEN CONFISERIE MICHEL
Kellereistraße 13 • 67433 Neustadt an der Weinstraße • Tel. 06321/843 66
E-Mail: info@geniesserhaeuschen.de • geniesserhaeuschen.de
Öffnungszeiten: Di–Fr 9–18 Uhr, Sa 8.30–14 Uhr

Mutter mitgeteilt habe, dass beim nächsten Mal anderes Weihnachtsgebäck gebacken werde, weil ihm das bisherige zu fad war. »Mein Mann hat eine Leidenschaft in sich, die kann man so nicht lernen. Er braucht noch mehr als fünf Leben, um alle seine Ideen umzusetzen.« Die gelernte Erzieherin hat ihren eigenen Beruf hintenangestellt und unterstützt ihren Mann nun in Vollzeit im Verkauf.

Neben den Kunstwerken, die er hier kreiert – Torten und Törtchen, Pralinen und selbstgemachte Schokolade – stellt Jochen Müller seit vielen Jahren auch Eis selbst her. Zunächst nur für Events, bei denen die Müllers mit ihrem »Genießermobil« vor Ort waren; jetzt wird das frische Eis auch im Laden in Neustadt verkauft. Bei der Veranstaltung »Weinfest Schwarz-Rot-Gold« am Hambacher Schloss hat sich das Ehepaar mit dem Eiswagen über Jahre einen Platz ganz oben in der Schlossstraße erarbeitet. »Wenn die Leute dann mit dem Eis rumlaufen, hat das einen hohen Wiedererkennungswert. Dann kommen die Leute zu uns an den Eiswagen und sagen, dass sie unser Eis schon gesehen haben«, erzählt Petra Müller-Ernst. Das leckere Eis ist ohne Farbstoffe und schmeckt wie frische Früchte.

Das zugkräftigste Fest in der Pfalz ist das »Oliandi«, zu dem 10 000 Gäste an zwei Tagen kommen. Dort sind die Müllers mit einem Schokoladen- und einem Eisstand vertreten. Es ist für Jochen Müller das hochwertigste Fest in der Pfalz. Ansonsten sind die beiden auf Kastanien- und Schokoladenmärkten sowie Weinfesten vertreten. Unter anderem ist das Genießermobil

Kunstfertigkeit, Fachkenntnis und jede Menge Erfahrung, die Jochen Müller über viele Jahre in Betrieben im In- und Ausland gesammelt hat, gehören dazu, um die Theke der Pâtisserie in Neustadt mit diesen wie gemalten Köstlichkeiten zu füllen.

auf dem Bauernmarkt in Speyer, auf dem Wein- und Kastanienmarkt in Edenkoben oder auf den Bellheimer Gartentagen mit von der Partie.

Seit Corona vervollständigt selbst gebackenes Brot das Sortiment der Confiserie. Hierfür verwendet Müller Mehl aus ökologisch angebauten Getreidesorten aus der Region, das er von einem Bauernhof bezieht. »20 Stunden liegt der Teig, bevor wir ihn verarbeiten. Durch Fermentation ist das Brot verdaulicher«, erklärt der Fachmann. Auch das Obst bezieht er vom Bauern und folgt damit dem Nachhaltigkeitsprinzip.

Jochen Müller bezeichnet sein Unternehmen als Geschmackskonditorei mit regionalem Bezug. Er hat den Anspruch, immer an seinen Kreationen zu arbeiten. Er probiert so lange aus und optimiert, bis er zufrieden ist. »Da kann ich mich schon richtig reinverbeißen«, bekennt der Konditormeister. Beispielsweise sei ein reines Mango-Eis viel zu fett. »Wenn Sie aber etwa 50 Prozent Maracuja dazutun, haben Sie den reinen Mango-Geschmack, es ist aber nicht so fett. Eis herzustellen hat mir keiner beigebracht, das habe ich mir selbst erarbeitet«, sagt Jochen Müller stolz.

P. und J. Müllers Tipp:

Angenehm bei großer Hitze ist der Weg vom Helmbachweiher zum Lambrechter Naturfreundehaus im Elmsteiner Tal. Zum Startpunkt mit dem Dampfzug »Kuckucksbähnel« fahren.

So hat er den Laden seines Vorgängers aus der Nachkriegszeit inzwischen umgekrempelt. Vor allem das französische Vorbild hat ihn inspiriert. Für sein Mandelgebäck Mándali hat er einen Innovationspreis bekommen. »Ich habe das vorhandene Rezept 2002 mit einem Geschäftspartner stark verändert. Da ist mir eine Panne passiert, ich habe aus Versehen ein Blech stehenlassen und auch einen Anpfiff bekommen, warum das Blech da herumsteht. Dann habe ich es am nächsten Tag gebacken und seitdem backe ich das Mandelgebäck immer erst einen Tag später, weil es dann viel besser wird«, berichtet der Konditor. Das ist einer von vielen wertvollen Tipps, die der Profi gerne mit auf den Weg gibt.

Rotweinkuchen

Nach einem Rezept von Jochen Müllers Mutter

Zutaten

125 g Zucker
125 g Butter
2 Eier
80 ml Dornfelder Rotwein
125 g Mehl
12,5 g Kakao
4 g Zimt
4 g Backpulver
50 g Schokolade

Zubereitung

Zucker und Butter miteinander verrühren. Wichtig: Die Zutaten sollten nur vorsichtig verrührt und nicht zu lange aufgeschlagen werden, damit möglichst wenig Luft in den Teig hineinkommt.

Nun auch die Eier und den Dornfelder Rotwein verrühren.

Mehl, Kakao, Zimt und Backpulver vermengen, anschließend das Mehlgemisch sieben.

Die Wein-Eier und das Mehlgemisch abwechselnd unterrühren.

Die Schokolade fein raspeln und in den Teig einrühren.

Eine Kuchenform fetten und sorgfältig mit Mehl ausstreuen, den Teig vorsichtig hineingeben und den Kuchen bei 190 °C ca. 40 Minuten backen. Nach dem Abkühlen nach Belieben mit Puderzucker bestäuben.

Kunstwerk Ladengalerie

Eine Fundgrube im Herzen Neustadts

Was auch immer es sein soll: Schmuck, textiles Design, Keramik, Holzdrucke, Figuren aus Pappmaché – in der Ladengalerie mitten in der Altstadt und fast direkt am Marktplatz werden alle Suchenden fündig. Kunstwerk Ladengalerie ist in einem schnuckeligen, schmalen Fachwerkhäuschen untergebracht – innen wie außen ist dieses außergewöhnliche Atelier also eine Perle. »Es sollte unbedingt ein Fachwerkhaus sein«, erklärt die Inhaberin, Christiane Wettmann. Die studierte Grafik-Designerin hat zunächst in einigen Agenturen in Frankfurt gearbeitet. Alle drei bis vier Jahre stand ein Agenturwechsel an, die Künstlerin war viel in Bewegung. »Mit 53 Jahren wollte ich noch einmal was ganz Neues anfangen und ich wollte in die Pfalz«, erinnert sich die gebürtige Freiburgerin. Da ihre Heimat, der Kaiserstuhl, auch Weinanbaugebiet ist, schien ihr die Pfalz eine schlüssige Ortswahl.

Das Konzept der auf zwei Etagen liebevoll eingerichteten Ladengalerie ist, Kunst aus unterschiedlichen Gewerken zu präsentieren und den Besuchern schöne Dinge zu zeigen. Neben dem Verkauf der einzigartigen Stücke organsiert Christiane Wettmann auch regelmäßig Ausstellungen in ihrer Ladengalerie. »In der Regel stellen Künstler etwa vier Wochen lang bei mir aus«, sagt sie. Angeboten wird ein wechselndes Programm, sodass Kunden immer wieder etwas Neues zu sehen bekommen. Manche Künstler sind auch fest in der Galerie vertreten, so zum Beispiel Carola Gänsslen, die filigrane, farbenfrohe Keramik anfertigt.

Anfangs war es nicht gerade einfach für die Grafik-Designerin, in Neustadt Fuß zu fassen. Sie musste viel einbringen, wirkte unter anderem als Veranstalterin zusammen mit dem Kloster Neustadt am Kultursommer Rheinland-Pfalz mit; »Themen waren beispielsweise Europa oder die sieben Todsünden, die Künstler

KUNSTWERK LADENGALERIE

Rathausstraße 4 • 67433 Neustadt an der Weinstraße • Tel. 06321/39 97 45
E-Mail: info@kunstwerk-neustadt.de • kunstwerk-neustadt.de
Öffnungszeiten: Di–Fr 11–18 Uhr, Sa 9.30–14.30 Uhr

Ch. Wettmanns Tipp:

Ein Spaziergang auf dem Sonnenberg oberhalb von Neustadt, vom Haardter Schloss bis zur Burgruine Wolfsburg. Auf dem Sonnenberg scheint tatsächlich oft die Sonne und er ist von der Stadt aus schnell erreicht. Schöner Blick auf die Weinberge.

haben mir hier zugearbeitet«, erklärt Christiane Wettmann das Konzept. Auch eine Kooperation mit dem Otto Dill-Museum gab es in den Anfängen ihrer Pfälzer Zeit. »Es wurde kunstvolles Handwerk gezeigt, Historisches wurde mit Zeitgenössischem verbunden; das war eine schöne Veranstaltung, oft mit bis zu 1000 Besuchern am Wochenende«, erinnert sie sich.

Dann fand sie das Fachwerkhaus und richtete ihre Ladengalerie ein. Sie wollte viel bewegen in Neustadt, doch als »Fremde« war das nicht immer ganz einfach. »Jetzt, nach 15 Jahren, habe ich aber das Gefühl, meine Galerie gehört dazu«, erzählt die Galeristin stolz. Sie erkenne das an den positiven Rückmeldungen. Viele Leute kommen, schauen und bestaunen die kunsthandwerklichen Unikate. Die studierte Grafikerin erstellt selbst Flyer und Prospekte und legt sie aus, beispielsweise in Hotels. 40 Prozent ihrer Kunden sind Touristen. »Mittlerweile kann ich von dem Ertrag der Ladengalerie leben«, berichtet Christiane Wettmann. Sie verdiene zwar weniger als zu Zeiten in den Frankfurter Agenturen, »aber ich habe deutlich an Lebensqualität gewonnen«.

Mit ihrem Konzept in dem wunderschönen Fachwerkhaus hat sie ein Alleinstellungsmerkmal. Künstler aus ganz Deutschland kommen auf sie zu, sie sucht aber auch immer gezielt Leute aus, die ausstellen, um die verschiedenen Gewerke ausgewogen vorzustellen. Bei unserem Besuch gab es sehr viel Schmuck zu bewundern, handgewebte Seidenschals, Taschen und Gürtel. Ein Gang durch den schönen Laden ist wie eine Mischung aus Museumsbesuch und dem Schlendern über einen Kunsthandwerker-Markt. Man merkt der Galeristin ihre Affinität zur Kunst an. Denn was nicht aus handverlesenen Manufakturen, von renommierten Künstlern oder gar Kunstpreisträgern stammt, hat die Inhaberin selbst gefertigt. »Einzigartige Geschenke für einzigartige Menschen« lautet Christiane Wettmanns Slogan. »Jetzt, im Rentenalter, gebe ich nicht mehr so viel Gas wie früher«, erzählt sie lachend. »Aber ich mache es, solange es mir Spaß macht – und jetzt macht es noch großen Spaß«, bekräftigt Christiane Wettmann. Das müsste sie aber gar nicht betonen – man sieht es deutlich an ihrem Strahlen, wenn sie von ihrem Kleinod im Herzen der Stadt spricht.

Wer auf der Suche nach Feinem und Erlesenem ist, sei es als Geschenk oder als etwas Besonderes, das man sich selbst gönnen möchte, ist in der Ladengalerie richtig. Einzelteile und professionelles Kunsthandwerk gibt es zu kaufen und anzuschauen.

Zeiselbacher Hof

Frisches aus der Ziegenkäsemanufaktur

Antje Wutzke bezeichnet ihren Lebenslauf als »schräg«. Die Ziegenzüchterin kommt ursprünglich aus einem ganz anderen Bereich – bei einer promovierten Apothekerin sieht man tatsächlich zunächst nicht die Verbindung zwischen Arzneimittelkunde und Ziegenzucht. Die gebürtige Hessin hat in Neustadt eine eigene Apotheke betrieben, »mit 50 bin ich aber krank geworden«, erzählt sie. »Ich habe dann komplett die Richtung gewechselt – sozusagen von A bis Z, von der Apothekerin zur Ziegenzüchterin«, lacht sie.

Die Familie hat immer Pferde besessen, Antje Wutzke wollte jedoch schon immer auch Ziegen dazunehmen, da sie sowieso selbst Ziegenkäse herstellt. »Auf den Ziegenkäse sind wir gekommen, weil meine Tochter als Kleinkind eine Kuhmilchallergie hatte«, erläutert die frühere Pharmazeutin. So startete der Betrieb mit vier Ziegen im Jahr 2015 – eigentlich zur Selbstversorgung gedacht. »Die Ziegen liefen dann bei den Isländern auf der Pferdweide mit.« So nach und nach seien dann die Nachbarn gekommen, erzählt Antje Wutzke weiter, und haben nach Ziegenkäse gefragt. Daraufhin baute die Familie die Räumlichkeiten des Wohnhauses um und errichtete eine Käserei. »Inzwischen haben wir einen großen Kundenstamm«, freut sich Antje Wutzke.

Aus den ursprünglich vier Ziegen sind inzwischen 65 geworden – jetzt auch mit eigenen Koppeln. Das erfordert einen streng getakteten Tagesablauf, den Antje Wutzke zusammen mit ihrer Tochter bewältigt, die Tierheilpraktikerin ist. Um 6 Uhr ist die Ziegenzüchterin schon unterwegs zum Melken. Dreimal in der Woche wird gekäst. Im Gegensatz zu Kuhmilch kann man Ziegenmilch gut einfrieren, erklärt die Expertin. Von den 65 Ziegen werden nur 21 gemolken. »Der Rest sind die Herren der Schöpfung, die Jungfrauen und Gouvernanten«, scherzt Antje Wutzke. Dazu zählen die einjährigen Ziegen oder diejenigen, die nach einer schweren Geburt ein »Sabbatjahr« bekommen, oder die Rentnerinnen.

ZEISELBACHER HOF

Hirschhornring 53 • 67435 Neustadt an der Weinstraße (Königsbach) • Tel. 06321/605 04
E-Mail: natur@zeiselbacherhof.de • zeiselbacherhof.de
Öffnungszeiten: 01.04.–01.10. Do 10–16 Uhr, Sa 10–13 Uhr und nach telef. Vereinbarung, im Winter jederzeit nach telef. Vereinbarung

Im Betrieb Zeiselbacher Hof geht es nicht nur um die Herstellung von Käse. Hier wird auch die aussterbende Haustierrasse Thüringer Waldziege gezüchtet. Den Zuchtbetrieb kann sich Antje Wutzke noch lange vorstellen, das macht ihr großen Spaß. Bei der Käseherstellung ist sie eher zurückhaltend. »Das ist auch körperlich sehr anstrengend mit den schweren Milchkannen und Käsekesseln.« Die Thüringer Waldziege sei eine robuste Rasse, erklärt die Fachfrau. Man könne sie auch schlachten, was der Zeiselbacher Hof als schlachtfreier Betrieb jedoch nicht tut. Allerdings werden die Ziegen verkauft – die weiblichen Ziegen gehen fast nur an Züchter, während die Jungs entweder als gekörte Böcke auch in die Zucht verkauft werden oder kastriert als Landschaftspfleger. Sie weiden dann schwierige Hänge ab, die sonst einfach verwuchern oder zerfallen würden oder legen Mauern frei. Von jedem Jahrgang behält die Züchterin etwa eine Handvoll Ziegen selbst.

Anders als bei Kühen kann man Ziegen über mehrere Jahre durchmelken, auch wenn sie keine Jungen hatten, erklärt Antje Wutzke. Manche Ziegen produzieren sogar Milch, ohne jemals belegt worden zu sein. »Aber da wir ja Lämmer haben wollen, lassen wir die Ziegen meist belegen«, so die Züchterin. Oft warten die Ziegen mit der Geburt, bis ihre Besitzerin vor Ort ist. »Manchmal muss man auch helfen«, sagt Antje Wutzke. Sie sei auch schon mit der Ziege unter der Geburt zum Tierarzt gefahren, wenn klar war, dass es eine Steißgeburt wird. Auch Kaiserschnitte gab es schon. Der Stall befindet sich nicht am Haus, sondern in Ruppertsberg. Die

Die Ziegen des Zeiselbacher Hofes hören fast wie Hunde auf ihre Namen und bereiten ihrer Besitzerin Antje Wutzke sehr viel Freude. Sie stellt aus der tierschutzgerecht gewonnenen Ziegenmilch eine breite Palette naturreiner Käsesorten her.

Lämmer werden im Januar/Februar geboren. Etwa 148 Ziegen sind über die Jahre unter der Obhut von Antje Wutzke bislang zur Welt gekommen – und sie bekommen alle einen Namen! Und als ob das nicht schon bemerkenswert genug wäre: Die Ziegen hören auf ihre Namen. Antje Wutzke führt das bei der »Jungfrauen«-Herde vor. Wie Hunde laufen die Gerufenen zu ihr, dann wird hier ein bisschen geknuddelt und dort ein bisschen gespielt. Das ist faszinierend anzuschauen, auch wie die gesammelte Herde hinter der Besitzerin herläuft.

»Wir betreiben muttergebundene Aufzucht, das heißt, die Lämmer bleiben die ersten zwölf Wochen bei ihren Müttern«, erklärt die Ziegenzüchterin. So kommt es, dass die Ziegen auch wissen, zu welcher Linie sie gehören. Die Mütter erkennen ihre Lämmer aus den Vor- und Vorvorjahren und sie liegen auch in diesen Familienverbänden beieinander.

Ziegenmilch ist gesund und ersetzt heute oft Kuhmilch bei Unverträglichkeiten. Das Sortiment des Zeiselbacher Hofes ist umfangreich: Von der Trinkmolke über den Joghurt und den Frischkäse bis hin zum Weichkäse, Camembert, Ziegenfeta und den halbfesten Schnittkäse bietet die Käsemacherin Antje Wutzke alle Sorten an, die das Herz eines jeden Käsefans höherschlagen lassen. Das alles aus nachhaltiger, tierschutzgerechter Milchgewinnung ohne Stabilisatoren, künstliche Konservierungsmittel oder Zusatzstoffe. Zu beziehen gibt es die Köstlichkeiten zweimal pro Woche im Hofladen direkt am Wohnhaus der Wutzkes.

Ihre Apotheke vermisst Antje Wutzke nicht. »Das, was ich jetzt mache, ist sehr viel zufriedenstellender«, bekräftigt die einstige Pharmazeutin und jetzige Ziegenzüchterin. »Die Ziegen bringen mich immer zum Lachen«, freut sie sich. »Wenn sie dann angepurzelt kommen, das ist schon toll.«

Antje Wutzkes Tipp:
Eine Wanderung auf die Madenburg vom Wanderparkplatz Eschbach aus; es lassen sich Touren in beliebiger Länge planen.

Schönfeld Die Tee-Gärtner

Made with Love in Germany

Das junge Paar hat diesen Namen für die Marke benutzt, denn laut Christian Weiß passt der Geburtsname seiner Frau Jessica, nämlich Schönfeld, »wie die Faust aufs Auge«. Warum? Weil die in Top Qualität angebauten Teekräuter auf diversen Feldern wachsen, die alle liebevoll gepflegt – einfach schön! – sind. Ein sanfter Minzeduft liegt in der Luft, durchmischt von einer Salbeinote und einem feinen Zitrusaroma, während Christian Weiß stolz die Felder erklärt, die von April bis Ende Oktober sehr viel Zuwendung erfordern.

Tee-Herstellung in echter Handarbeit ist für Christian Weiß und Jessica Schönfeld in dem kleinen, beschaulichen Ort Ruppertsberg mehr als nur ein reiner Broterwerb. Es ist eine Passion, die viel Zeit, Feingefühl und natürlich auch Geld kostet – und eine große Portion Idealismus erfordert!

Christian Weiß ist gelernter Gärtner und sowohl er als auch Jessica Schönfeld haben Getränketechnologie studiert. Dabei haben sie sich auch kennengelernt. In die schöne Pfalz hat es die gebürtige Leipzigerin und den Rheinländer verschlagen, weil Klima und Böden ideal für den Anbau von Kräutern sind. Also haben sie mutig das Start-Up-Unternehmen gegründet, einen Hof gekauft und Land gepachtet. Sehr viel Geld haben sie in die Teegärtnerei gesteckt, alle Ersparnisse sind hineingeflossen. Der Betrieb soll dennoch nicht unendlich groß werden, »Ziel ist es, eine Marke zu schaffen, die uns stolz macht«, das ist beiden wichtig. Es soll Spaß machen und das tut es!

Die Kunden wollen meist eine Geschichte zum Produkt, wollen etwas zu erzählen haben, weiß das Ehepaar. Deshalb bieten die Tee-Gärtner auch Führungen auf ihrem Hof an, das bringt den Leuten die Philosophie des Unternehmens näher. Auch auf Märkten ist das Paar mit seinen Produkten vertreten, allerdings nur noch auf den größeren. Da die Tee-Gärtner

SCHÖNFELD DIE TEE-GÄRTNER
Mittelgasse 23 • 67152 Ruppertsberg • Tel. 06326/989 16 70
E-Mail: genuss@schoenfeld-tee.de • schoenfeld-tee.de
Öffnungszeiten: nach Vereinbarung

keine Mitarbeiter haben und auch im Winter viel Arbeit anfällt, fehlt die Zeit dafür. »Die Arbeiten bei uns sind einfach sehr speziell, da kann man nicht schnell jemanden einstellen, der nicht eingelernt ist«, erklärt Christian Weiß. »Vom Thymian bis zur Sonnenblume ist alles vertreten und jedes Kraut will anders geerntet und abgepackt werden«, beschreibt er die Problematik.

Erwerben kann man die Tees sowohl über einen Selbstbedienungsschrank vor dem Wohnhaus der Familie als auch über den Online-Shop der Tee-Gärtner. »Nur ein gutes Produkt zu vermarkten, reicht nicht, es muss auch eine schöne Verpackung haben«, sagt Weiß. Und auch die ist gelungen – in kleinen braunen Pappkartons befinden sich die Teekräuter in biologisch abbaubaren Folien. Ein blaues Textil-Fähnchen mit der Aufschrift »Made with Love in Germany« verdeutlicht die Wertigkeit des köstlichen Lebensmittels.

Das Ehepaar schätzt die Offenheit der Pfälzer, ihre Kultur und Gastfreundschaft. Mit den meisten Nachbarn sind die beiden gut befreundet, bei Weinfesten wird man aufgefordert, sich mit an den Tisch zu setzen. »Das liegt vor allem auch am Wein«, meint Jessica Schönfeld, »und am Genuss, sich Zeit nehmen für Essen und Trinken.« Anfangs seien die Leute oft am Feld vorbeigekommen und haben erstaunt gefragt, was die beiden da so machen – das sei ja weder Wein noch Gemüse, was hier angebaut werde. Daraufhin haben die Tee-Gärtner eingeladen, um die Leute über ihre Produktion zu informieren. »Anfangs mussten wir eher um Ackerflächen betteln«, ergänzt Christian Weiß. »Inzwi-

Besser als mit dem Slogan »Made with Love in Germany« ist die Tee-Gärtnerei Schönfeld nicht zu beschreiben! Aromatische Tees aus 100 Prozent eigenem Anbau ohne chemischen Pflanzenschutz werden hier vom ersten Schritt an in Handarbeit hergestellt.

schen kommen die Besitzer von Feldern auf uns zu, weil es ihnen lieber ist, wenn wir Kleinen sie bewirtschaften als die großen Landwirtschaftsbetriebe.«

»Bodenständige« Sorten wie Pfefferminze oder Fenchel-Anis-Kümmel werden ebenso produziert wie exotische Sorten, beispielsweise Marzipan-Salbei oder »Königin der Nacht«, ein Kräutertee für den Abend, der aus Hanf, Zitronengras, Zitronenmelisse, Spearmint, Hopfen und Schwarzer Malvenblüte besteht. Im »Aromenmixer« des Onlineshops kann man persönliche Vorlieben anklicken und sich so ganz individuell einen stimmigen Tee vorschlagen lassen – mit Zitrone oder Thymian, Fenchel oder Chili, grasig oder scharf, ja sogar Lakritze als Geschmacksrichtung ist vorhanden.

Getrocknet werden die Kräuter in von Christian Weiß eigenhändig erbauten Trockenöfen und in einer Trockenanlage. Schonend wird den Kräutern die Feuchtigkeit entzogen. In einer Art Backofen trocknen gerade leuchtendblaue Kornblumen. »Tee ist auch eine Sache für das Auge«, erklärt das Ehepaar. Hier bei den Tee-Gärtnern werden alle Sinne angesprochen: Die Tees schmecken gut (wir haben uns davon überzeugt!), sie werden hochwertig hergestellt und sowohl der Inhalt als auch die Verpackung sehen ansprechend aus.

Wir fahren mit Christian Weiß die Felder am Ortsrand von Ruppertsberg ab und bewundern die akkurat angelegten Reihen mit Marokkanischer Minze, Zitronengras und Thymian. Auf den 150 Meter langen Feldern sind deshalb so viele unterschiedliche Kräuter angepflanzt, weil man für Tee ja gar nicht so riesige Mengen benötigt. Der Anblick wirkt sehr exotisch – hier gedeihen Pflanzen, die man nicht auf einem Feld erwartet. Und es werden Tees hergestellt, die zum Wiederholungstäter machen, wenn man sie mal probiert hat!

Christian Weiß' Tipp:

Ein Ausflug zum frisch sanierten Teehaus in Ruppertsberg, das als Außenstelle des Standesamtes fungiert und bei schönem Wetter dem Bio-Restaurant Hofgut Ruppertsberg als Außenterrasse dient. Das Wahrzeichen liegt sehr schön am Ortsrand inmitten von Reben.

Aufbrühanleitung der Tee-Gärtner

Maximaler Geschmack durch richtige Zubereitung

Zutaten

Tee nach Belieben

Zubereitung

Möglichst frischen, losen Tee verwenden (eine kühle, dunkle und trockene Lagerung empfiehlt sich für jedes Lebensmittel!).

Dosierung: Bei gutem Kräutertee ist weniger mehr.

Ein praktisches Teesieb, kein Tee-Ei verwenden. So kann der großblättrige Tee sich frei entfalten. Das ist kinderleicht in der Handhabung und macht weniger Schlabberei und Arbeit als Beuteltee.

Möglichst kalkarmes Wasser auf mind. 80–90 °C erhitzen und je nach Sorte 5–15 Minuten ziehen lassen. Auch hier ist häufig weniger mehr: Je länger ein Tee zieht, desto mehr Gerbstoffe lösen sich. Das ist zwar gesund, einige Teetrinker mögen es dennoch lieber mild.

Ein zweiter Aufguss lohnt sich definitiv und macht den Tee zudem preiswerter als ein Billigprodukt. Besonders auf die Minzen der Schönfeld Tee-Gärtner trifft das zu.

SCHÖNFELD
DIE TEE-GÄRTNER
14

RØSTWERK PFALZ

WeinCafé KostBar

Hier beeindruckt ein Latte Art-Künstler

Wein, Kaffee und Kost – das sind die drei Säulen des gemütlichen kleinen WeinCafés im beschaulichen Deidesheim. Der Wein ist jedoch nicht irgendein Wein, es handelt sich um erlesene Tropfen von namhaften Weingütern der Umgebung. Der Kaffee ist auch nicht irgendein Kaffee, sondern wird mit frisch gerösteten Bohnen zubereitet, und die Latte Macchiato ist auch nicht irgendein Heißgetränk, sondern wird von einem zweifachen Deutschen Latte Art-Meister verschönert. Und die Kost ist auch nicht irgendeine Kost, denn Kuchen und Torten sind von der Chefin höchstpersönlich gebacken.

2012 hat Nikola Göhring die erste Version ihrer Weinbar in Neustadt an der Weinstraße eröffnet. Ihr Lebensgefährte Markus Badura war von Anfang an mit von der Partie. »Ich hatte von Kaffee keine Ahnung«, bekennt der gelernte Schreiner. Mit einer gebrauchten Siebträgermaschine fing das Paar an. Markus Badura bildete sich mit YouTube-Videos fort, um zu lernen, wie man Kaffee zubereitet. Besonders interessierte ihn die Latte Art, also die kreative Dekoration von Milchschaumoberflächen mit graphischen Motiven. Er nahm zu anderen Baristas Kontakt auf und dabei entstand eine ganz und gar ungewöhnliche Idee: Warum nicht mal an einer Meisterschaft teilnehmen?

Gesagt, getan: Markus Badura meldete sich an und trainierte zuvor mit dem amtierenden Weltmeister. »Als ich zur Deutschen Meisterschaft nach Berlin gereist bin, wollte ich einfach nur dabei sein, aber dann habe ich gleich den Titel geholt«, erzählt der Barista stolz. Es folgten weitere Teilnahmen an nationalen und internationalen Meisterschaften, und es ist ihm sogar ein zweites Mal gelungen, die Deutsche Meisterschaft zu gewinnen – eine Besonderheit, die es noch nie zuvor gab! Markus Badura wagte sich gar bis zur Weltmeisterschaft vor. 2015 ergatterte er in Göteborg einen Platz unter den Top Ten. Mit einem zweiten Anlauf 2017 in Budapest ist er sehr unzufrie-

WEINCAFÉ KOSTBAR

Königsgarten 8 • 67146 Deidesheim • Tel. 06326/248 02 44
E-Mail: info@weincafe-kostbar.com • weincafe-kostbar.de
Öffnungszeiten: Café: Sa und So 14–18 Uhr, Kaffee-Verkauf und to go: Fr 10.30–13 Uhr

den: »Die Vorbereitung und das Training liefen gut«, sagt er. »Aber dann war die Organisation vor Ort sehr chaotisch. Ich bin genervt auf die Bühne gegangen und habe letztlich Platz 14 belegt.« Die Enttäuschung darüber merkt man ihm heute noch an.

Die Gäste wissen die kreativen Gestaltungen ihrer Espresso-Getränke zu schätzen. Blätter, Blumen, Herzen, Schriften oder ein Halloween-Kürbis zieren die Milchschaumoberflächen. Da Markus Badura aus eigener Erfahrung weiß, dass nur Übung den Meister macht, bietet er nun auch Workshops an, in denen er seinen Schülern das Aufschäumen für den perfekten Milchschaum, Gießtechniken und Grundmotive beibringt.

Inzwischen ist das WeinCafé KostBar (im Jahr 2020) in den historischen Ortskern von Deidesheim umgezogen und hat nun auch eine schöne Außenterrasse für die Gäste. Es wird Frühstück serviert und nachmittags gibt's den leckeren selbst gebackenen Kuchen von Nikola Göhring. Tagsüber wird auch Wein ausgeschenkt – das Angebot wird möglicherweise auf abends ausgedehnt, das ist aber noch unsicher. Aktuell bereitet sich das Café darauf vor, künftig den Fokus auf die hauseigene Rösterei »RØSTWERK PFALZ« zu legen. Auch hier wird schnell deutlich, wie sehr der Barista für die Themenwelt rund um den Kaffeegenuss brennt: Er achtet sehr genau darauf, woher er seine Kaffeebohnen bezieht. »Fair gehandelt klingt erstmal gut, ist es aber nicht zwangsweise«, erklärt Badura. Die Bauern wollen oft gar nicht mitmachen, da eine Zertifizierung

Gleich mehrere Highlights bietet das WeinCafé KostBar in Deidesheim: Hier schäumt ein Barista-Weltmeister höchstpersönlich auf, die Café-Besitzer rösten die direkt gehandelten Kaffeebohnen selbst und der Wein stammt aus Weingütern der Umgebung.

sehr teuer ist. Markus Badura setzt auf Direct Trade. »Das ist besser, denn dann kann man über Qualität und Preis ganz direkt miteinander verhandeln.« In dem Fall versucht der Bauer, die Qualität der Kaffeebohnen jährlich zu verbessern – heraus kommt dabei beste Bioqualität!

Die WeinBar unterhält mit Mexiko und Guatemala zwei Direkthandel. Den persönlichen Kontakt hält das Paar für sehr wichtig. So kann man ohne die großen Zwischenhändler Rohkaffees beziehen.

Das Café bekommt den Rohkaffee als grüne Bohnen geliefert. »Auf einmal können wir mit unserem Röster rund 15 Kilogramm rösten. Das dauert etwa zehn bis 13 Minuten. Rösten wir länger, geht der Geschmack verloren«, erfahre ich. Will der Kunde einen fruchtig-hellen Kaffee, dauert der Röstvorgang eher nur acht bis neun Minuten. Auf den Etiketten der selbst gerösteten Kaffeebohnen vermerkt Markus Badura, für welche Art der Kaffeezubereitung er die Bohnen empfiehlt.

Markus Baduras Tipp:

Vom Eckkopfturm hat man eine tolle Aussicht in die Rheinebene. Rundweg: Parken bei der Gaststätte Pfalzblick, dann durch die Weinberge, vorbei an der Michaelskapelle und den Heidelöchern und schließlich zum historischen Rathaus in Deidesheim. Am Ende Einkehr beim Weingut »Zum Woibauer«.

Diesen in liebevoller Handarbeit hergestellten Kaffee können Kunden sowohl im Café vor Ort genießen als auch in ausgewählten Edeka-Märkten der Region beziehen. Der unbestrittene Vorteil, die Bohnen direkt in Deidesheim zu kaufen, ist natürlich, dann auch gleich eine vom Latte Art-Meister zubereitete Espresso-Spezialität mit einem Stück des köstlichen Kirschstreuselkuchens zu genießen, der Nikola Göhring besonders gut gelingt und der bei den Gästen der KostBar äußerst beliebt ist!

Nikolas Kirschstreuselkuchen

Der Lieblingskuchen der KostBar-Gäste

Zutaten

Mürbeteig für den Boden
300 g Mehl
½ Päckchen Backpulver
1 Prise Salz
60 g Zucker
150 g Butter/Margarine

Belag
2 Gläser Sauerkirschen

Streusel
150 g Mehl
100 g Zucker
100 g Butter/Margarine

Außerdem
Springform
(28 cm Durchmesser)
Semmelbrösel für die Form

Zubereitung

Die Zutaten für den Boden zusammen in eine Schüssel geben und mit dem Knethaken oder mit den Händen zu einem Teig verarbeiten. Danach eine Stunde in den Kühlschrank stellen. Zwischenzeitlich eine Springform mit 28 cm Durchmesser einfetten und mit Semmelbrösel bestreuen, damit der Kuchen nicht hängenbleibt.

Anschließend den gekühlten Teig auf einer bemehlten Arbeitsfläche mit dem Nudelholz ausrollen und in der vorbereiteten Backform auslegen.

Kirschen abtropfen lassen und auf den Teig geben.

Die Zutaten für die Streusel, genau wie beim Boden, zusammen in eine Schüssel geben und mit dem Rührgerät so lange vermischen, bis kleine Streusel entstehen. Diese dann gleichmäßig auf den Kirschen verteilen und den Kuchen 35–40 Minuten bei 180 °C backen.

Markus' »Coffee in good spirits«

Eiskalter Kaffeegenuss mit Schuss

Zutaten
½ Limette
3 TL Rohrzucker
3 cl Cachaça
6 cl Cold Brew
(kalt gebrühter Kaffee)

Außerdem
Crushed Ice/Eiswürfel

Zubereitung

Eine halbe Limette vierteln und die Stückchen mit 3 TL Rohrzucker in einem Glas zerstoßen.

3 cl Cachaça und 6 cl Cold Brew (kalt gebrühter Kaffee) hinzufügen, umrühren und mit Crushed Ice oder Eiswürfeln auffüllen.

Senfmanufaktur Senf emol

Wo Senf zur Delikatesse wird

Alles an und in diesem Senf ist Pfälzisch – die Senfsaat wird von einem Landwirt im Nachbarort angebaut, alles, was in der Nähe wächst und gedeiht, kommt in den Senf und nicht zuletzt sind sogar die Namen der Senfsorten Pfälzisch: Da gibt es den »Brodworscht Senf«, den »Zwiwwel Senf« und den »Keschde Senf« – für Auswärtige sicherlich eine Herausforderung herauszufinden, was sich genau hinter solchen unverständlichen Begriffen versteckt. Es sind ganz einfach der Senf zur Bratwurst, der Zwiebel Senf und der Kastanien Senf!

Yvonne Ortloff, die Inhaberin der Senfmanufaktur Senf emol, ist stolz auf ihre durch und durch regionalen Senfsorten. Die Feigen für den Feigen Senf pflückt sie selbst und verarbeitet sie, die Habaneros für den scharfen Teufels-Senf hat sie sogar im eigenen Garten in einer eigenen Plantage angepflanzt. Ganz besonders originell in Optik und Namen ist der »Elwetritsche Kaviar«. Elwetritsche sind vogelartige Fabelwesen der Pfalz. Die Namensgebung des Senfs, der aus zwei nicht vermahlenen Senfsorten besteht und dadurch bällchenartig aussieht, hat eine lustige Geschichte: »Eigentlich hatte ich so Namen wie Senf-Eier im Kopf. Dann waren abends ein paar Mädels zu einem Glas Wein da und ich hab' ihnen gesagt, dass ich mit dem Namen nicht so glücklich bin.« Eine der Freundinnen meinte, der Senf sähe aus wie Kaviar. »Und weil Elwetritsche ja auch so etwas wie Vögel sind und ein Vogel Eier legt, habe ich Elwetritsche mit in den Namen aufgenommen«, berichtet Yvonne Ortloff lachend.

Sie lässt alles, was gesund ist, im Senf drin. Ätherische Öle, die gut für den Magen-Darm-Bereich sind, landen im Senf, wohingegen sie dem industriell gefertigten Senf entzogen werden. Yvonne Ortloff präsentiert einen Sack mit Senfsaaten, der sehr intensiv riecht. »Zunächst ist

SENFMANUFAKTUR SENF EMOL

Holzweg 9 • 67098 Bad Dürkheim • Tel. 06322/988 22 15
E-Mail: info@senfemol.de • senfemol.de
Öffnungszeiten: nach Vereinbarung

Senf erst einmal harmlos«, erklärt sie. Erst in Verbindung mit Wasser entwickelt er seine Schärfe. Hierfür benutzt die Senfmacherin braune Senfsaaten, die nachhaltiger im Geschmack, aber auch nicht so einfach zu bekommen sind.

Zuerst müssen die Senfkörner durch eine spezielle Mühle. Dann wird eingemaischt, es kommt ein spezieller Essig hinzu. Für einen milden Senf wie den Saumagen Senf nimmt sie einen schönen französischen Honigessig aus dem Elsass. Dann muss das Senfmehl mit dem Wasser und Essig erst einmal vier bis fünf Tage reifen. »Guter Senf braucht Weile«, sagt die Expertin. Schließlich fügt Yvonne Ortloff die entsprechenden Gewürze hinzu, also die Zwiebelmarmelade für den »Zwiwwel Senf«, die Feigenmarmelade für den Feigen Senf oder die Chilischoten für den Teufels Senf. Nach dem Rühren schließlich kommt die als Senf bekannte, typische Paste heraus.

Große Supermärkte beliefert Yvonne Ortloff nicht. »Das ist einfach nicht mein Weg«, begründet sie. Vielmehr möchte sie am Manufakturgedanken festhalten und an der Regionalität. Die Senf-Produzentin möchte sich auch nicht von einem Händler abhängig machen; die Händler, die sie hat, legen Wert auf Exklusivität. Wenn Yvonne Ortloff freitags ausliefert, freut sie sich immer, wenn sie in die schönen Läden kommt, in denen ihre Produkte verkauft werden. »Ich stöbere dann da auch gerne und manchmal komme ich mit mehr raus, als ich hingebracht habe«, lacht sie. Ihre Auslieferungstour führt sie oft sogar bis nach Mann-

Yvonne Ortloff verwirklicht in ihrem Senf ihre Ideen. Der Würzigkeit einer Bratwurst setzt sie mit dem leckeren Brodworscht Senf etwas entgegen, ohne dass dabei der Geschmack der Wurst verlorengeht, sondern vielmehr verstärkt wird.

heim, Darmstadt, Koblenz oder Ingelheim, je nachdem, wie bestellt wird. Viele Läden bieten Geschenke und Feinkost an, manche sind Metzgereien, Bäckereien, Winzergenossenschaften oder Läden, die sich auf Pfälzer Produkte spezialisiert haben.

Die gebürtige Hessin wohnt seit 28 Jahren in der Pfalz. »Ich musste mehrere Tests durchlaufen, um als Pfälzerin akzeptiert zu werden, habe sie aber alle mit Bravour geschafft. Man muss aber auf jeden Fall zwei/drei Weinschorlen vertragen können und Leberwurst mögen, das sind so die Mindestvoraussetzungen«, erinnert sich die nunmehr eingebürgerte Pfälzerin. Das kommt ihr zugute, wenn sie beispielsweise große Mengen an Feigen braucht und dann bei örtlichen Weingütern, Freunden und Bekannten fündig wird.

Die Senfgläschen werden mit bunten, fröhlichen Etiketten versehen, die ihr Mann Frank selbst malt. »Das Senfglas soll den Leuten ein Lächeln ins Gesicht zaubern«, wünscht sich die Senf-Herstellerin. Dieser Wunsch wird ihr sicherlich sehr oft erfüllt! Ihr Wissen und Können gibt Ortloff in kleinen Workshops weiter. Die Rezepte für die Senfsorten denkt sie sich alle selbst aus und entwickelt sie auch selbst. Ganz neu sind beispielsweise die beiden Sorten Meerrettich Senf und Bärlauch Senf.

Wichtig ist Yvonne Ortloff, dass Senf ein Gericht umspielt und nicht tötet. »Er soll nicht Hauptfigur sein!« Sie mag auch gerne die Struktur, die Senf besitzt, und nicht so sehr »den Babybrei aus der Tube«, betont sie. So hat sie versucht, ihre Vorstellungen in ihrem eigenen Senf umzusetzen. Wer in Sachen Senf Inspirationen sucht, wird mit Yvonne Ortloffs Rezeptideen auf ihrer Homepage fündig.

Yvonne Ortloffs Tipp:

Eine Wanderung zum Flaggenturm (von den Bad Dürkheimern liebevoll »Kaffeemühlchen« genannt) über ein kleines Stück des Pfälzer Weinsteiges mit Start am Amtsgericht oder auch direkt von der Manufaktur aus.

Senf-Salzstangen

Zum Aperitif, Sekt oder einem Gläschen Wein

Zutaten

1 Rolle Blätterteig
1 Glas Senf
(Zwiwwel-, Bärlauch- oder Teufels-Senf)
Eigelb
Grobes Salz

Zubereitung

Blätterteig ausrollen, Senf auf den Blätterteig streichen. In ca. 3 cm breite Streifen schneiden und zu kleinen Stangen drehen. Mit Eigelb bepinseln und mit Salz bestreuen. Bei 180 °C 15–20 Minuten backen.

Zu Sekt und Wein ... Schnell und lecker!

Senf emol!
MANUFAKTURSENF AUS DER PFALZ
ZWIWWEL SENF

Spielzeughaus Museum & Café

Zeitreise in die Welt des Spielzeugs

Es ist weitaus mehr als ein Spielzeugmuseum. Was sich hinter den hübschen Mauern im Zentrum der historischen Altstadt von Freinsheim verbirgt, ist eine Sammlung, die ihresgleichen sucht. Über 2000 Exponate aus der Welt des Spielzeugs, angefangen zu Zeiten der Industrialisierung bis zum Zweiten Weltkrieg, stammen aus der privaten Sammlung von Uwe Groll. Jedes einzelne Stück hat seine Geschichte, die der freiberufliche Wirtschaftsingenieur stolz und mit leuchtenden Augen erzählt.

»Nachdem sich bei uns zu Hause die Sammelstücke über vier Räume ausgebreitet haben und irgendwo dazwischen mein Schreibtisch stand, mussten wir eine andere Lösung finden«, lacht der leidenschaftliche Sammler. Seine Frau Marion Groll, Inhaberin und Leiterin des Museums, erzählt, dass sie sogar Exponate in die Küche integriert habe. Denn was nun in dem liebevoll und in Eigenregie restaurierten Haus inmitten der Altstadt präsentiert wird, sind hauptsächlich Sammelstücke des Nürnberger Spiel- und Haushaltswarenherstellers Bing.

Und so bewundern Besucher älteren Semesters mit feuchten Augen und vielen Erinnerungen Autos, Schiffe und Flugzeuge aus ihrer Kindheit, daneben Haushaltsgegenstände aus Emaille und Kupfer und antike Schreibmaschinen, Fotoapparate und Filmprojektoren. Kinder erfreuen sich an den Eisenbahnanlagen, die man in Betrieb nehmen kann, an den nostalgischen Bären, Puppen und Plüschtieren und natürlich an der Kinderecke, in der gemalt und gespielt werden darf. Und die Generation dazwischen? Geht auf Entdeckungsreise und lernt anhand der Informationen, erklärenden Videos und des Museumsführers vieles über die Welt des Spielzeugs. Künftig wird das auch mit einem Audioguide auf dem Handy möglich sein.

SPIELZEUGHAUS MUSEUM & CAFÉ
An der Bach 9 • 67251 Freinsheim • Tel. 06353/91 65 57
E-Mail: info@spielzeugmuseum-freinsheim.de • spielzeugmuseum-freinsheim.de
Öffnungszeiten: Mitte Mrz–Ende Okt täglich 14–18 Uhr, Nov–Mitte Mrz Sa, So und Feiertage 14–18 Uhr

SPIELZEUGM
SPIELZEUGHAUS
Museum & Cafe

M. und U. Grolls Tipp:

Das Museum liegt direkt an der historischen Stadtmauer. Der eineinhalb Kilometer lange Rundgang dauert etwa eine Stunde. Man kann ihn auch mit Führung begehen. Passiert werden vier Türme, zwei Tore, ein Park, ein Barockgarten und ein Apothekergarten (alles beschildert).

Das Museum erzählt viele Geschichten und so soll auch der Audioguide über die Rolle des Handwerks als Basis für Spielzeug berichten – Schuster, Schmied und Bäcker werden präsentiert. »Spielzeug hatte früher eine andere Bedeutung als heute«, erklärt der Sammel-Experte. Da ging es nicht um Beschäftigung, sondern um die Vorbereitung der Kinder auf den Beruf. »Wenn man einfach nur durchläuft, sieht man nur Spielzeug«, sagt Groll. Mittels Führung, zahlreichen Tablets mit Videos, Audioguide oder auch dem gedruckten Museumsführer erfahren die Besucher die Geschichte hinter den Exponaten.

Angefangen hat die Sammelleidenschaft auf einem Flohmarkt. Dort hat Uwe Groll eine Uhrwerklok mit drei Anhängern von der Firma Bing entdeckt, die seine Frau Marion später heimlich gekauft und ihm geschenkt hat. »Das war der Grundstein für unser Museum«, sind sich beide einig. Der weitere Grundstock der Sammlung ergab sich durch zahlreiche Besuche auf Flohmärkten, inzwischen stellen auch Online-Auktionen einen großen Markt dar. Hier schaut er jeden Tag nach neuen Angeboten.

Es gibt Stücke, die zehn Euro wert sind und direkt daneben findet man welche für Tausende von Euro. Alle Exponate sind benutzt. »Wir spielen heute noch. Ich habe andere Sammler gefunden, die ihre Dampflokomotiven mit Spiritus beheizen und fahren lassen. Das mache ich inzwischen auch und es hat mich befreit im Umgang mit den eigenen Spielsachen«, meint Uwe Groll. Für die spielerische Komponente hat die gelernte Erzieherin Marion Groll eine Schatzsuche entworfen, die vor allem Kinder begeistert. »Sie sind unglaublich aufmerksam und finden alle Hinweise viel schneller als Erwachsene«, berichtet sie.

»Das Café ist dafür da, das Museum finanziell zu unterstützen«, erklärt Uwe Groll, der als Kurator des Museums fungiert. Marion Groll startete den Café-Betrieb 2010 mit einer Eisdiele, die bis dahin in Freinsheim fehlte. Nach und nach stockte sie das Angebot mit Kuchen eines lokalen Bäckers und von ihr selbst gemachten Crêpes auf. Auch die Crêpes haben eine Geschichte: Nachdem der Vorschlag an Marion Groll herangetragen wurde, im Café doch auch Crêpes anzubieten, suchte sie ein Rezept dafür und wurde in einem Französisch-Schulbuch fündig. Die Crêpes kommen gut bei den Gästen an und auch französischen Kunden schmecken die hauchdünnen Pfannkuchen sehr gut!

Der Betrieb unterstützt den nachhaltigen Tourismus an der Weinstraße und zeichnet sich durch Nachhaltigkeit im Energieverbrauch und im Recyceln von Möbeln aus. »Das Eis beziehen wir von einem Hersteller aus Kirrweiler, er ist Italiener durch und durch«, lacht Marion Groll. Er produziert selbst und geht auch auf Sonderwünsche ein – beispielsweise beim Lakritz-Eis, das sei aber schon alleine wegen der Farbe gewöhnungsbedürftig gewesen.

Inzwischen gibt es zwei Gasträume, weil das Café so gut läuft. Unter Glasscheiben sind antike Gesellschaftsspiele wie »Fang den Hut« und klassische Leiterspiele ausgestellt, in den Vitrinen außen herum stehen Züge, die aus einem Schmugglergeschäft in Köln stammen. »Viele denken, dieser Raum sei das Museum«, meint Uwe Groll schmunzelnd. Das Motto des Ehepaares lautet: »Wir sind Museum und haben ein relativ großes Café dabei.«

Besucher des Museums erfreuen sich an den auf drei Etagen verteilten Exponaten wie alte Seifenkisten, Teddybären, komplett eingerichtete Kolonialwarenläden oder einen Nachbau der Titanic – ergänzt durch ein gemütliches Café mit recycelten Möbeln.

Crêpes

Nach einem Rezept aus dem Französisch-Schulbuch

Zutaten
4 Eier
250 g Mehl
500 ml Milch
50 g Butter (flüssig)

Außerdem
Crêpe-Platte

Zubereitung
Alle Zutaten nacheinander verrühren, mit Mehl und Milch abwechseln, damit keine Klümpchen entstehen, und zum Schluss die flüssige Butter dazugeben.

Den Teig ca. eine halbe Stunde quellen lassen.

Dann eine Schöpfkelle voll Teig in die Mitte auf die heiße Crêpe-Platte (180 °C) geben, den Crêpe-Verteiler kurz ins Wasser tauchen und dann zügig von der Mitte nach außen verteilen.

Wenn der Teig sich löst und eine gute Bräune hat, mit dem Crêpe-Spatel auf der Platte wenden und die andere Seite backen. Währenddessen kann man den Crêpe beliebig füllen, süß oder herzhaft, danach auf der Platte den Crêpe zusammenfalten und mit dem Spatel auf den Teller legen.

Getränkekarte
SPIELZEUGHAUS

Café Solo

Mittelmeer-Feeling in der tiefsten Pfalz

Can Parmakerli beteuert ein ums andere Mal: »Ich wollte nie, niemals in die Gastronomie gehen!« Auch das Konzept des Café Solo und aller anderen Teilbereiche, die sich im Laufe der Zeit angeschlossen haben, habe sich einfach so ergeben. »Aber heute macht uns das Individuelle aus«, erklärt Can Parmakerli, Inhaber des Cafés. »Es ist nicht auf dem Reißbrett entstanden. Wir haben mediterranen Lebensstil eingebracht.« Und heute gibt es sowohl ein Café als auch einen Verkaufsbereich, in dem Möbel- und Wohn-Accessoires sowie Geschenkartikel angeboten werden. Ehefrau Kirsten Parmakerli kommt aus der Modebranche und so kam zusätzlich auch noch die Textillinie mit Schmuck, Accessoires und eigenem Parfum auf den Markt – mit eigenen Labeln: »Louis & Parmakerli« für die Mode- und Schmucklinie, »Amalfi« für das Parfum. Auch das sei alles nicht geplant gewesen, betont Parmakerli. Über einen Online-Shop auf der Homepage des Cafés kann man die Produkte auch bestellen. So vielseitig das Angebot des Café Solo und seiner angegliederten Bereiche ist, so außergewöhnlich gestaltete sich der Weg, der zu diesem Betrieb geführt hat. Der in der Türkei geborene Can Parmakerli ist sehr weit herumgekommen. Aufgewachsen ist er in Heidelberg, studiert hat er in Mannheim, zunächst Elektrische Energietechnik und anschließend Sozialpädagogik. Nach einem längeren Italienaufenthalt hat er kurzerhand beschlossen, mit seiner Frau und dem ersten Sohn nach Spanien auszuwandern; es folgte ein 15 Jahre dauernder Aufenthalt auf Ibiza. In dieser Zeit ist der inzwischen zweifache Familienvater hin- und hergependelt zwischen Deutschland und der Balearen-Insel. Unter anderem waren die Parmakerlis auf Ibiza im Baugewerbe tätig und betrieben eine Dönerbude. »Wir wollten unsere Kinder dort aber nicht auf die weiterführende Schule schicken, deshalb sind wir zurückgekommen«, erzählt Parmakerli.

Sie entdeckten das Gebäude in Weisenheim am Berg und das hatte laut dem heutigen Inhaber so viel Potenzial und Energie, dass es den Vorstellungen von einer Hazienda des

CAFÉ SOLO
Hauptstraße 49 • 67273 Weisenheim am Berg • Tel. 06353/95 93 49
E-Mail: cafesolo@online.de
Öffnungszeiten: Di–So 10–18 Uhr

CAFÉ
SOLO

Can Parmakerlis Tipp:

Ziel eines etwa drei Kilometer langen Spaziergangs vom Ort aus ist der Ungeheuersee, ein moorähnlicher See, der als Naturdenkmal unter Schutz steht.

inzwischen spanisch geprägten Ehepaars sehr nahekam. »Wenn man mir in Ibiza gesagt hätte, dass ich auf dem Berg in der Pfalz ein Café eröffne, hätte ich ihn für verrückt erklärt«, lacht Can Parmakerli. Das Gebäude war ursprünglich zur rein privaten Nutzung gedacht. Zunächst haben die Parmakerlis umgebaut und renoviert, viele aus Ibiza importierte Bauelemente flossen in die Gestaltung mit ein. In den beiden Gebäuden, die einen lauschigen Innenhof in der Mitte flankieren, waren eine Sommer- und eine Winterresidenz geplant. Doch während Can Parmakerli in Ibiza die Firma abwickelte, öffnete seine Frau Kirsten in Weisenheim am Berg nach und nach die Türen für den Café-Betrieb. »Ich kam zurück und habe hier einen Kaffee- und Kuchenbetrieb vorgefunden«, erinnert sich Parmakerli. Das ursprünglich als Winterresidenz geplante Gebäude beherbergt nun die Verkaufsräume für Mode, Accessoires und Parfum.

Heute ist der Café-Betreiber überzeugt, dass das Café Solo die nachfolgende Gastronomie in der Pfalz beeinflusst hat. »Winzer und Gastronomen sind gekommen und haben sich das hier angeschaut und sich dieses alternative Konzept abgeguckt – teilweise haben sie es schöner gemacht, teilweise nicht so schön«, erklärt er. Vor allem in Sachen Deko sucht das Café Solo seinesgleichen. Jahreszeitlich angepasst, erstrahlt der mediterrane Innenhof entweder als Weihnachtsdorf mit kuscheligen Plätzen, Heizpilzen, einer Weihnachtspyramide und vielen liebevoll drapierten Accessoires. Oder es schlägt im Sommer der Ibiza-Lebensstil voll durch, was durch den Pool im hinteren Bereich mit seinen Mosaikfliesen unterstrichen wird. Dieser wird jedoch ausschließlich privat genutzt. Allerdings gibt es im Garten um den Pool herum konzessionierte Bereiche, sodass man seinen Kaffee mit Blick auf das mediterrane Bassin genießen kann. Neben hausgemachtem Kuchen wird eine Mittagskarte angeboten, alles wird frisch zubereitet, es existieren Kooperationen mit Bäckereien und lizensierten Backdamen. Zu Spitzenzeiten gehen an einem Wochenend-Tag schon mal 25 Kuchen weg, deshalb ist es wichtig, ausreichend Bäcker für die Köstlichkeiten zur Verfügung zu haben.

Neben dem sehr besonderen Außenbereich bietet der Innenraum auf zwei Etagen kunstvoll gestaltete Räumlichkeiten. Mehrere abgetrennte Räume haben unterschiedliche Konzepte und sind entsprechend dekoriert. Allen gemeinsam ist, dass sie hell und freundlich sind, der Landhausstil vorherrscht und sie mit vielen besonderen Elementen verschönert sind. Das ergibt ein gemütliches Ambiente, sodass der Gast die Qual der Wahl hat, sich draußen oder drinnen niederzulassen. Aber es ist auch nicht wichtig, wo man sitzt – die Ruhe und Idylle, gemischt mit dem mediterranen Lebens- und Gebäudestil, ist in allen Bereichen des Café Solo spürbar – ein Besuch im idyllisch gelegenen Weisenheim am Berg fühlt sich also eher an wie ein Urlaub als ein Café-Besuch!

Café Solo – das ist ein mediterranes Steinhaus im Hazienda-Stil mit einem Pool, an dem man Kaffee und Kuchen genießen kann, einem Verkaufsraum für Mode, Accessoires und Parfum und hingebungsvoll dekorierten Innenräumen und Außenbereichen.

Im Pfälzerwald

EXPOSITION JUBILAIRE
A. LAMPECCO
50 ANS DE CERAMIQUE

Keramik Karin Flurer-Brünger

Ton als Lebensthema

Ein lichtdurchfluteter Raum, der Blick in einen verwunschenen Garten und im Hintergrund der Szene thront oben auf dem Berg die Burg Landeck – das ist das Atelier der Keramikermeisterin Karin Flurer-Brünger. Im Vorraum, der auch als Verkaufsraum dient, befinden sich ansprechend präsentiert ihre getöpferten Werke, auch hier ist alles hell, freundlich, einladend. Skulpturen, Gefäße, Geschirr – hier wird das ganze Repertoire gezeigt, das mit Ton erschaffen werden kann.

Die Künstlerin ist sehr vielseitig unterwegs. Sie arbeitet seit 1997 als Lehrbeauftragte für Keramik an der Universität Landau für die unterschiedlichsten Schularten. Ich unterrichte für zukünftige Kunstlehrer Keramik«, erklärt sie. Karin Flurer-Brünger ist Therapeutin, Sonder- und Diplompädagogin und wendet ihre Qualifikationen bei der therapeutischen Arbeit mit Ton an. So ist sie besonders stolz auf ein zurückliegendes kunsttherapeutisch-keramisches Projekt mit Kindersoldaten im Kongo.

Auch ein Buch hat Karin Flurer-Brünger veröffentlicht. »Faszination Ton« handelt von den pädagogischen Möglichkeiten, mit dem Werkstoff zu arbeiten. Anhand des Buches erläutert sie ihre Projekte. So hat sie beispielsweise mit den afrikanischen Kindersoldaten einen Brennofen aus Ton-Matsch und großen Bananenblättern hergestellt. Darin wurden die Arbeiten dann gebrannt. »Wir haben Flussufer-Ton gesammelt und gereinigt, damit haben wir dann gearbeitet – da ich lange in der Suchttherapie tätig war, war das eine psychotherapeutische Maßnahme, denn es geht da ja um Traumatherapie.«

Der Weg, als Töpferin mit pädagogischem und therapeutischem Schwerpunkt tätig zu werden, war früh vorgezeichnet: Schon während ihrer Ausbildung in einer Töpferei in Ansbach kam sie in Kontakt mit einem Professor

KERAMIK KARIN FLURER-BRÜNGER
Schlösselstraße 6 • 76889 Klingenmünster • Tel. 06349/75 74
E-Mail: k.flurer-bruenger@t-online.de • kfb-keramik.de
Öffnungszeiten: nach Vereinbarung

für Heil- und Sonderpädagogik aus Würzburg, der in dieser Töpferei Arbeiten brennen lassen hat. Als Töpfergesellin leitete sie eine Behinderteneinrichtung in Schwäbisch-Gmünd. »Von dort wurde ich abgeworben in die Südpfalz, wo eine Suchtklinik eine therapeutische Töpferwerkstatt eingerichtet hat«, erzählt die Keramikerin. Spontan hat sie sich in den schönen Landstrich verliebt – seit 1992 ist sie Besitzerin der wunderschönen Werkstatt, die sich separat in ihrem Wohnhaus befindet.

In Landau studierte Karin Flurer-Brünger anschließend Diplom-Pädagogik mit Schwerpunkt Sonderpädagogik und Erwachsenenbildung. Parallel und nach dem Studium unterrichtete sie unter anderem an Förderschulen und der Universität, den Lehrauftrag erhielt sie 1997. »Ton ist meine Leidenschaft vom ersten Tag an. Es ist mein Lebensthema«, sagt Karin Flurer-Brünger auch heute noch mit voller Überzeugung. »Kugelbahnen, Häuser, Öfen – für Kinder, Jugendliche und behinderte Kinder ist es ein großes Vergnügen, mit Ton-Matsch zu arbeiten«, sagt die Töpferin, die viel Hingabe in diese Projekte steckt. Ton fasziniert – nicht nur die Expertin, alle, die damit zu tun haben. »Ich erlebe es immer wieder, wie schwierigste Kinder total versunken im Umgang mit Ton sind. Ich bin so begeistert davon«, strahlt Karin Flurer-Brünger und man nimmt es ihr auf der Stelle ab.

In der Werkstatt und im Verkaufsraum findet man auch Produkte, die in Ausstellungen kommen. Oder solche, die als Muster dienen, damit die Töpferin sie jederzeit nachmachen

Ein lichtdurchflutetes Atelier mit Blick in einen verwunschenen Garten und auf die über der Szene thronende Burg Landeck ist die Wirkungsstätte von Keramikmeisterin Karin Flurer-Brünger. Ihre Begeisterung für den Werkstoff Ton ist ansteckend.

kann. Da ist beispielsweise ein Segelboot, das im Rahmen eines Symposiums in China entstanden ist. Oder ein Exponat, das aussieht wie eine Tulpe, es soll das Thema Wachstum versinnbildlichen. Die Keramikerin zeigt ein Symbol für Unendlichkeit und einen Käfer, der komplett aus Ton hergestellt ist, was man gar nicht glauben kann. Es gibt aber auch farbenfrohes Geschirr und Vasen in allen Variationen.

Karin Flurer-Brünger stellt unter anderem auch die Glasuren und Farben selbst her. Auch darin hat sie einen Abschluss. Türkisblau scheint ihre Lieblingsfarbe zu sein. »Ich bin ein leidenschaftlicher Mensch, deshalb mag ich Türkis und Blau sehr gerne«, lacht die Künstlerin. Sie nimmt hierfür ihren eigenen Ton und färbt den beim Töpfern abfallenden Matsch mit Pigmenten. Damit malt sie dann Ornamente und Ranken auf ihre getöpferten Werke. Vor unseren Augen entsteht eine Vase. Sie bekommt einen langen, schmalen Hals und verbreitert sich nach unten. Oben soll sie einen naturbelassenen Rand bekommen, der Rest wird in Türkis glasiert. Viele ihrer Produkte haben diese Optik. Es wirkt wie ein Markenzeichen.

Teambuilding-Maßnahmen, Workshops, Symposien, Ausstellungen und Tage der offenen Töpferei – der Tätigkeitsbereich der Künstlerin scheint unendlich zu sein. Und unwillkürlich wird man erneut an das Symbol für Unendlichkeit erinnert.

K. Flurer-Brüngers Tipp:

Wanderung von Klingenmünster über die Nikolauskapelle aus dem 12. Jahrhundert zur Mittelalter-Burg Landeck mit Restaurant und Aussichtspunkt und weiter zum Martinsturm und zur historischen Burganlage Heidenschuh. Zurück zur Burg Landeck mit Einkehr.

La Fleur – Café & Accessoires

Persönlich geführtes Juwel nahe Frankreich

La Fleur – die Blume ... ein besserer Name für diese ganz besondere Lokalität ist kaum vorstellbar. So verheißungsvoll der Name klingt, so stimmungsvoll ist es in diesem Café im kleinen Ort Schweigen-Rechtenbach an der französischen Grenze. Die Absicht des Betreiber-Ehepaars Sandra Thommes und Hans-Werner Röhrke ist eindeutig: Die beiden möchten ihre Gäste verwöhnen. Herzlich wird jeder empfangen, der zur Tür hereinkommt, Werner Röhrke setzt sich auch mal mit an den Tisch, die Atmosphäre ist persönlich und behaglich. Auch wenn der Kuchen längst aufgegessen und der köstliche Kaffee getrunken ist, hält es die meisten Gäste noch eine Weile hier. Jetzt ist Zeit, den Blick über die Auslagen schweifen zu lassen, die ausgewählten Stücke zu betrachten, die hier zum Verkauf stehen: Deko-Artikel, Accessoires, Tischschmuck, Geschirr und Töpferware, aber auch Cremes, Duftwässerchen, Seifen und Saisonwaren. Offene Tees, die wunderbar duften, und Kaffee stehen natürlich ebenfalls zum Verkauf.

Das kleine, gemütliche Café hat eine lange Vorgeschichte. Das Paar hat sieben Jahre in einer Fernbeziehung gelebt. »Mein Mann war Vizechef der Polizei in Goslar und mein Leben hat sich hier abgespielt«, erzählt Sandra Thommes. Sie hat in den USA BWL studiert und in diesem Bereich auch gearbeitet. »Aber die diversen Tätigkeiten lagen mir nicht besonders«, gesteht sie. Es war ihr nicht kreativ genug. Der ursprüngliche Plan und Traum war, dass das Paar nach Hans-Werner Röhrkes Pensionierung ein klassisches Bed and Breakfast eröffnet. »Das hat leider nicht geklappt. Aber das Konzept hat immer mehrere Standbeine vorgesehen und so wollten wir ein kleines Café und einen kleinen Laden mit anbieten bei unserem Bed and Breakfast.«

Auf ihren Reisen für ihre Tätigkeiten im Vertrieb und im Management stieß Sandra

LA FLEUR – CAFÉ & ACCESSOIRES
Paulinerstraße 1 • 76889 Schweigen-Rechtenbach • Tel. 06342/922 74 15
E-Mail: info@ladencafe-lafleur.de • ladencafe-lafleur.de
Öffnungszeiten: Mi und Do 13–18 Uhr, Fr–So 10–18 Uhr

Thommes dann auf die Kombination Laden und Café – »also zwei von den drei Dingen, die wir eigentlich geplant haben«, erläutert sie. In Wittenberg fand sie sich zwischen zwei Terminen in so einem Ladencafé wieder und fragte sich: »Warum nicht? Das könnte es sein!« Also wurde der Business-Plan umgeschrieben und die beiden suchten nach Lokalitäten. So landeten sie in dem Ort mit den 16 Winzern, der Nähe zu Frankreich und dem Sonnenberg mit Blick bis hin zum Schwarzwald. Sie fanden es beide einhellig traumhaft!

In der früheren Bäckerei etablierten Sandra Thommes und Hans-Werner Röhrke nun ihr Ladencafé, restaurierten und passten die Inneneinrichtung ihrem Konzept an. 2018 war Eröffnung. Über die Corona-Zeit legten die Inhaber ihr Augenmerk auf Feinkostartikel, die sie aus dem Laden heraus verkaufen konnten. »Unsere Lieferanten hatten Pesto, Pasta, sonnengetrocknete Tomaten und solche Sachen im Angebot und dann haben wir das mit Kaffee und Kuchen außer Haus verkauft«, erzählen die beiden. »Für die Psyche war es herrlich, für unsere und die unserer Kunden«, freut sich Sandra Thommes auch heute noch.

Alle drei Wochen wird die zu verkaufende Ware umdekoriert. Das ist oft, aber Sandra Thommes empfindet das nicht als Aufwand: »Es ist ja Hobby«, bekräftigt sie. »Sobald die Gäste sich nicht mehr so richtig umschauen, weil sie schon alles kennen, ist Zeit, umzugestalten.« Ihre Vergangenheit als BWL-Fachfrau kommt ihr bei der Führung des Ladencafés durchaus zugute. Hingegen beteuert ihr Mann:

Sandra Thommes und Hans-Werner Röhrke haben sich mit dem behaglich eingerichteten Café La Fleur an der Grenze zu Frankreich einen Traum erfüllt. Zu Kaffee und Kuchen und persönlichem Ambiente gibt's ausgewählte Accessoires und Kunsthandwerk.

»Meine Karriere bei der Polizei war mein Traumberuf. Aber ich habe das komplett hinter mir gelassen und hier einen Neuanfang gemacht.« Eins seiner Hobbys ist die Steuer, auch das fügt sich gut ein in das Gesamtkonzept des gemeinsamen Unternehmens. »Wir ergänzen uns hervorragend«, sagen die Inhaber einmütig. »Wir arbeiten gut zusammen, haben denselben Geschmack, aber unterschiedliche Steckenpferde. Auf Messen zieht es uns immer zu denselben Anbietern.«

Viele Produkte bezieht das Paar aus Dänemark, Frankreich, Italien und Holland. Vieles ist im Landhaus-Stil gehalten, manches Moderne findet sich aber auch dazwischen. Zu den qualitativ hochwertigen Produkten gesellen sich der Kaffee aus einer Kaffeerösterei in Landau und die selbst gebackenen Kuchen. Ein Konditor in Bad Bergzabern backt, ebenso »fleißige Helfer«, die für La Fleur Köstliches zaubern. Im Notfall, wenn der Kuchen auszugehen droht, können die Café-Betreiber jederzeit schnell auf ihre Bäcker zugreifen. »Das zeigt auch, wie gut wir hier aufgenommen wurden. Es ist wie eine Gemeinschaft, ein Gefühl von Heimat«, freut sich Röhrke.

Sandra Thommes' Tipp:

Spazierengehen in den Weinbergen und auf dem Sonnenberg mit herrlichem Ausblick und einem fertig gepackten Gourmet-Picknick-Korb, den das Café anbietet.

Was macht den großen Unterschied zu anderen Cafés aus? Sandra Thommes muss keine Sekunde nachdenken: »Wir wollen das hier nicht managen. Wir haben am Leben unserer Gäste teil und sie an unserem. Wir wollen unsere Gäste verwöhnen.« Das spiegelt sich wider im Ambiente des kleinen, gemütlichen Cafés, das die Gäste mit einem Strahlen im Gesicht betreten und wieder verlassen.

Fondant au beurre salé

Ein luftig-leichter Schoko-Traum

Zutaten

200 g Backschokolade, davon ca. 50 g Vollmilch, der Rest dunkle Schokolade
200 g Butter, davon ca. 50 g gesalzen
250 g Puderzucker
1 TL Mehl
5 Eier

Zubereitung

Schokolade und Butter im Topf langsam schmelzen lassen.

In der Zwischenzeit Puderzucker, Mehl und die Eier verrühren und dann die geschmolzene Butter/Schokomasse hineingeben und mit dem Mixer vermengen.

Den Teig in eine gefettete Backform geben, besonders schön sind dafür einzelne runde Tartelette-Formen.

Bei 180 °C für 20–25 Minuten backen.

Kaffee

www.wuerth-holzart.de

Würth HolzArt

Holzkunst als Erlebnis!

Ein Besuch bei dem Holzkünstler Erwin Würth im verträumten Fischbacher Ortsteil Petersbächel ist ein Event. Nicht nur, weil der Künstler aus Strandgut und heimischen Hölzern Kunstwerke kreiert, sondern weil er auf seinem großzügigen Gelände so unendlich viel zu zeigen hat: Die Arbeitsweise in seinem Atelier, die Ausstellung auf 200 Quadratmetern in einem Gebäude, das er selbst gebaut und mit Fachwerkelementen aus einem Abrisshaus verschönert hat, das historische Sägewerk, den selbst gestalteten Spielplatz für das Enkelkind mit Fundstücken von der Nordseeküste …

Der gelernte Schreiner kann zu jedem Kunstwerk eine Geschichte erzählen – woher das Holz stammt, wie er darin das gesehen hat, was er schließlich daraus gearbeitet hat. Und das ist zugleich sein zentrales Leitbild: »Mein Hobby und meine Berufung sind es, in einem Stück Holz etwas zu sehen, was andere nicht sehen und das dann in Objekte umzusetzen.« Seine Motivation ist, Totes zu neuem Leben zu erwecken. Er sieht sich als Schöpfer, der aus weggeworfenem Material wie Strandgut oder sogenannten Krebsgeschwüren das macht, was in ihm verborgen ist. »Ich lasse mich vom Material inspirieren und entscheide, was drinsteckt – ist es vielleicht eine Schnecke, ein Igel oder ein Engel?« Sieht man das fertig bearbeitete Holz, ist es ganz klar, was es ist – die Kunst jedoch besteht darin, vorher schon die Schnecke, den Igel oder den Engel in einem ganz gewöhnlichen Stück Holz zu erkennen!

Erwin Würth hatte beim Familienurlaub in Dänemark das Schlüsselerlebnis, als er Strandgut fand, das er spielerisch zu einem Segelboot zusammenfügte. »Da habe ich erkannt, dass ich kreativ etwas gestalten kann, das bleibt«, erinnert sich der Künstler. Das war 1993 – seitdem hat sich viel getan. Es finden Ausstellungen statt, Erwin Würth empfängt Reisegruppen, die von ihm eine höchst empfehlenswerte Führung »vom Baumstamm zum Kunstwerk« bekommen. Man kann seine Kunstobjekte in seiner großen Ausstellungshalle bewundern und kaufen und findet seine Objekte beispielsweise in der Vorderpfalz, seiner Herkunftsregion. Hier

WÜRTH HOLZART
Sandbuckel 2 • 66996 Fischbach bei Dahn • Tel. 06393/12 43
E-Mail: info@wuerth-holzart.de • wuerth-holzart.de
Öffnungszeiten: nach Vereinbarung

Erwin Würths Tipp:

Von den Wandertafeln in Petersbächel über den Sauhirtenpfad hinauf zum Saufelsen wandern, dann oben über den »natürlichen Baumwipfelpfad« entlanggehen mit Blick auf die französische Grenze gegenüber.

inszenierte Würth die Aktion »Feuer und Flamme in Landau« und installierte seine Lichtobjekte in 40 Schaufenstern.

Trotz all seiner Aktivitäten ist Erwin Würth froh, noch ein zweites Standbein zu haben. Er arbeitet in Pirmasens halbtags als Schreiner in einer Werkstatt für psychisch kranke Menschen. Dafür hat er eine sonderpädagogische Zusatzausbildung absolviert. Das macht ihm großen Spaß, lieber wäre ihm jedoch, wenn er ausschließlich von seiner Kunst leben könnte. Zu seiner Philosophie zählt auch das ökologische Gesamtkonzept, das er auf seinem Gelände umsetzt. »Meinen ganzen Lebenswandel versuche ich so ökologisch und nachhaltig wie möglich zu gestalten«, erklärt Würth. Alle Baumaterialien sind Recyclingstücke, angefangen beim bereits an anderer Stelle verlegten Kopfsteinpflaster unterhalb der B10 über altes Eichenfachwerk aus dem Jahr 1654 aus Osnabrück, die im neuen Ausstellungsgebäude verarbeitet sind, bis hin zu den Rundbogentüren, das sind alte Kirchentüren aus Erfstadt. Seine Kreationen werden biologisch behandelt und nur geölt und gewachst. Schafe beweiden die Grünflächen und es wird Apfelsaft selbst gekeltert. Das Tüpfelchen auf dem i ist die 4-Sterne-Ferienwohnung, ein Holzart-Apartment mit ausschließlich selbst gefertigten, individuellen Möbeln aus Recyclingmaterialien. Das ganze Gelände ist ein Lebenswerk!

Das 120 Jahre alte Sägewerk stammt aus dem Saarland. Erwin Würth hat es dort gekauft, abgebaut und in der Pfalz wieder aufgebaut. Würth sammelt Baumgeschwüre auf – zerklüftete Baum-Strukturen – und sägt sie im Sägewerk auf. Nach dem Trocknungsprozess wird Kunst daraus. Mit warmen Farben illuminiert, bewundern wir ein Bücherregal mit Büchern aus Holz darin, Vögel auf Ästen oder kunstvolle Spiegel. Kleine Kunstwerke wie Kerzenhalter sind ebenso einzigartig gestaltet wie ein riesengroßer Tisch oder ein Lesepult. Viele religiöse Objekte wie Jesus und seine Jünger oder Jesus am Kreuz finden sich zwischen den Exponaten. »Ich habe einen christlichen Hintergrund«, das ist Erwin Würth sehr wichtig. Und so entstehen Kunstwerke, beispielsweise das, wie Franziskus die ganze Schöpfung umarmt, mit vielen Details, die der Holzkünstler mit leuchtenden Augen erläutert.

Erwin Würth sieht in einem Stück Holz mehr. Vor seinem geistigen Auge manifestiert sich beim Betrachten bereits ein Vogel, ein Herz oder ein Segelboot. Und das arbeitet er heraus, erweckt Totes zu neuem Leben – nachhaltig und ökologisch.

Café Die Hutschachtel

Einzigartiges Konzept zum Staunen!

Bunte Wände, die Fröhlichkeit ausstrahlen, ein gemütliches Ambiente, Tausende von Fotos an den Wänden, Hüte in allen Variationen, kunstvolle Kleidungsstücke, selbst genäht, alle ein Unikat – habe ich etwas vergessen? Ja natürlich! »Nebenbei« ist die Hutschachtel auch noch ein Café mit köstlichem, hausgemachtem Kuchen, leckerem Kaffee oder einem Gläschen Wein und raffinierten Snacks. Wer ins Café Die Hutschachtel kommt, betritt eine eigene Welt, in der Vielfalt, Staunen und Gemütlichkeit die Hauptprogrammpunkte sind.

Quasi kostenlos dazu gibt es die ganz besondere Inhaberin Steffi Külzer, die meist vor Ort ist und mit ihrer fröhlichen Art – von ihr selbst als leicht verrückt bezeichnet – für gute Stimmung sorgt. Sie ist ausgebildete Modistin, das heißt, sie stellt Damenhüte her. Das hat ihr von ihren Töchtern die Bezeichnung »alte Hutschachtel« eingebracht – und so war der Name des Cafés geboren! Als Modistin hat sie nur ein paar Jahre gearbeitet. Nach der Lehre in Pirmasens, ihrem Geburtsort, hat sie in Worms eine Filiale geleitet. Die Rückkehr nach Pirmasens vor zehn Jahren, um das Café zu eröffnen, war der 24. Umzug in ihrem Leben. Jetzt hat die Inhaberin nicht mehr vor, umzuziehen, »dafür macht mir das Café viel zu viel Spaß«, beteuert sie.

»Ich bin in Pirmasens bekannt wie ein bunter Hund. Ich war früher schon bunt und ausgefallen«, lacht Steffi Külzer. Das spiegelt sich auch in der Farbgebung der Wände ihres gemütlich eingerichteten Cafés wider. Knalliges Orange neben kräftigem Türkis neben leuchtendem Rot – was schrill wirken könnte, wirkt hell, einladend und heiter. Ebenso wie das hübsche Kleid der Gastgeberin, das sie, wie so vieles andere, selbst genäht hat. »Gäste bringen mir alte Tischdecken, daraus nähe ich dann Kleider«, erzählt die vielseitig talentierte Café-Betreiberin. Ihr Mann Andi fügt hinzu: »Sie macht aus allem was, sie kann alle Materialien umsetzen.

CAFÉ DIE HUTSCHACHTEL
Schlossstraße 27 • 66953 Pirmasens • Tel. 06331/289 36 36
E-Mail: info@hutschachtel.com • hutschachtel.com
Öffnungszeiten: Mo, Di, Do und Fr 9–17 Uhr, Sa 9–15 Uhr, Feiertag und So 10–15 Uhr

Neulich habe ich alte Bänke aus einem Zugabteil geschenkt bekommen, die hat sie jetzt als Gartenmöbel mit Dach drüber recycelt«.

Dass sie nach 25 Jahren nach Pirmasens zurückkehrt und ein Café mit weißen Wänden eröffnet, war für Steffi Külzer undenkbar. Geziert werden die nunmehr bunten Wände von unzähligen Fotos, die dicht an dicht aufgehängt sind. Sie alle zeigen bekannte Schauspieler, manche Aufnahmen sind richtige Antiquitäten. Jedes Bild ist liebevoll gerahmt, das Ehepaar hat den Bestand aller Trödelmärkte der Umgebung aufgekauft, es sieht aus wie im Museum. Hier geht die Café-Betreiberin ganz klar einem Hobby nach, denn sie ist bekennende Cineastin. Eins haben die Motive gemeinsam: Die abgebildeten Personen tragen alle einen Hut! Sie sind thematisch sortiert – an einer Wand befinden sich die Western-Helden, an einer anderen berühmte Zeichentrick-Figuren, an der nächsten Sängerinnen, gefolgt von Krimi-Darstellern. Manche Schauspieler hängen doppelt, weil sie thematisch an zwei Stellen gehören, erklärt Steffi Külzer. »Hier genießt man den Luxus, dass die Wirtin zu allen Bildern eine Geschichte erzählen kann, weil sie alle kennt«, erzählt sie begeistert.

So kann man den Blick schweifen lassen, während man einen guten Cappuccino trinkt und dazu ein von Ehemann Andi gebackenes Kuchenstück genießt. Untermalt wird das Ambiente von adäquater Musik: Rock'n'Roll, Schlager aus den 1960er-Jahren und alte Filmmusik. Das Café bietet auch eine kleine Außenterrasse mit einer Bartheke – hier muss der Gast zwar auf das originelle Interieur des Cafés verzichten,

Bunte Wände zieren das Café, behängt mit Fotos prominenter Persönlichkeiten – alle tragen einen Hut. Inhaberin Steffi Külzer ist vielseitig begabt und so ist Die Hutschachtel mit vielen ihrer selbst gefertigten Kunstwerke dekoriert.

wird dafür aber mit einem mediterranen Ambiente in Hinterhof-Idylle verwöhnt. Hier wie auch im Café sorgen die beiden Dackeldamen für Unterhaltung und erfreuen vor allem die Senioren, die das Café besuchen.

Da das Ehepaar nicht aus der Gastro-Szene kommt, ist die Entstehungsgeschichte des Cafés ganz lustig: Nachdem die jüngere Tochter Abitur gemacht hatte, jobbte sie im damaligen Café Alexa. Sie musste jedoch abrupt aufhören, weil sie eine Lehrstelle bekommen hat. Die Mutter sprang für die Tochter ein, drei Wochen später jedoch gab die damalige Besitzerin das Café auf. Andi Külzer ist Golflehrer. »Als ich abends vom Golfplatz heimkam, total erschöpft und eigentlich nach 30 Jahren keine Lust mehr auf diesen Beruf hatte, sagte Steffi zu mir, das trifft sich ja gut, ich habe ein Café für uns«, erinnert sich Andi Külzer an den Abend, als die Entscheidung fiel. »So sind wir zum Café wie die Jungfrau zum Kind gekommen!«, ergänzt seine Frau.

Da Andi Külzers Mutter Kochbücher geschrieben und Kochkurse gegeben hat und seiner Aussage nach eine »Königin der Küche ist«, ist auch ihr Sohn im Backen und Kochen sehr bewandert. Es wird im Café auch immer ein hausgemachter Mittagstisch angeboten, seien es Lachsnudeln oder Kürbissuppe. Auch gluten- und/oder laktosefreier Kuchen findet sich im Sortiment des begnadeten Bäckers.

Als Hutmacherin arbeitet Steffi Külzer nebenbei noch immer. Es sind Auftragsarbeiten, die sie zu Hause in ihrem Wohnzimmer erledigt. Mittwochs hat sie frei und lebt an diesen Tagen ihre ganze Kreativität aus. Auch wenn viele neue Pläne an sie herangetragen werden, ist sich Steffi Külzer sicher: »Hier muss man mich mit den Füßen voran raustragen!«

Steffi Külzers Tipp:

Wanderung vom Forsthaus Beckenhof hinauf auf die »Ruhbank Platte«. Dort gibt es einen Waldlehrpfad mit Informationstafeln über Flora und Fauna.

Andis Karottenkuchen

Gluten- und laktosefrei für Genuss ohne Reue

Zutaten

12 Scheiben Zwieback (glutenfrei)
8 Eier
250 g Zucker
350 g Haselnüsse, gemahlen
400 g Karotten, geraspelt
1 Päckchen Backpulver
Saft und Schale einer unbehandelten Zitrone

Außerdem

Puderzucker, Kuvertüre oder Fondant nach Belieben

Zubereitung

Zwieback zerkleinern (im Mixer oder im Handtuch mit dem Nudelholz).

Eier trennen, Eigelb und Zucker schaumig rühren, mit Haselnüssen, Karotten, Backpulver, Zwieback, Zitronensaft und -schale mischen.

Eiweiß steif schlagen und unterheben.

Teig in eine gefettete Backform geben und bei 170 °C (Umluft) ca. 40 Minuten backen.

Verzieren mit Puderzucker, Kuvertüre oder Fondant.

Tipp: Kleine Marzipan-Karotten als Deko kündigen gleich an, worum es sich bei diesem Kuchen handelt!

Noch mehr Begegnungen

CAFÉS UND MANUFAKTUREN

Schickes Lädel

Café, Laden und Markthalle in schickem Ambiente
Im Häg, 67378 Zeiskam, Tel. 06347/700 20,
E-Mail: schick@tis-gemuese.de,
schickes-laedel.de

1739 Art Café Landau

Frühstück, Brunch und Brotkultur
Martin-Luther-Straße 17 (im Innenhof, gegenüber Restaurant Poseidon),
76829 Landau, Tel. 0173/290 32 78,
E-Mail: info-jutta.seim@1739-art-cafe.de,
1739-art-cafe.de

Eismanufaktur Palazzo Sandro

Italien in die Pfalz gebracht – große Vielfalt handgemachter italienischer Eisspezialitäten.
Eismanufaktur, Eisdiele und Lieferservice
Landau I: Kronstraße 28, 76829 Landau,
Tel. 06341/47 47
Landau II: Badstraße 21, 76829 Landau,
Tel. 06341/99 49 95,
E-Mail: info@palazzo-sandro.de,
palazzosandro.de

Bioland Imker Axel Heinz

Honig regional, biologisch, lecker
Dr.-Sartorius-Straße 53, 67435 Neustadt an der Weinstraße, Tel. 01520/358 88 97,
E-Mail: info@imker-axel-heinz.de,
imker-axel-heinz.de

Blumenboutique und Hof der Sinne

Blumen, Feinkost, Dekoration, Geschenke und Blumenschmuck für alle Anlässe
Neuhofener Straße 30, 67165 Waldsee,
Tel. 06236/40 93 88

Charme du Sud

Café, Eismanufaktur, Laden
Torten, Kuchen, Eis und Herzhaftes aus der Hofmanufaktur
Hauptstraße 45, 67273 Weisenheim am Berg,
Tel. 06353/932 40 61,
E-Mail: info@charme-du-sud.de,
charme-du-sud.de

Eisblumenberg

Eis mit regionalen Produkten aus eigener Herstellung nach traditionellem Familienrezept im gemütlichen Ambiente genießen
Sommerbachweg 1, 67273 Weisenheim am Berg, Tel. 0151/73 00 89 97,
E-Mail: christinblumenberg@gmx.de,
eisblumenberg.de

Weincafé Alte Kellerei

Untergebracht im Anwesen Alte Kellerei im romantischen Ort Neuleiningen, bietet hervorragenden Wein, leckeren Kaffee und feine Kleinigkeiten
Untergasse 40–42, 67271 Neuleiningen,
Tel. 06359/961 07 77,
E-Mail: kontakt@alte-kellerei.com,
alte-kellerei.com

HOFLÄDEN

Agriluna Ölmühle

Relikt früherer Ölmühlen, von denen Rheinzabern auch eine hatte. Diese ist verbunden mit einem landwirtschaftlichen Betrieb
Am Schlittweg 6, 76764 Rheinzabern,
Tel. 0172/787 39 97,
E-Mail: info@agriluna.de, agriluna.de

Christoph's Hoflädel

Hausgemachte Nudeln aus dem Familienbetrieb und regionales Obst und Gemüse
Alzheimer Weg 10 (neben Südpfalz-Werkstatt), 76863 Herxheim, Tel. 07276/14 59,
christophs-hoflaedel.de

Hofgut Holzmühle Westheim

Café, Mehlmanufaktur, Gästezimmer, Garten mit exotischen Pflanzen
Hofgut Holzmühle, 67368 Westheim,
Tel. 07274/70 32 04,
E-Mail: info@hofgut-holzmuehle.de,
hofgut-holzmuehle.de

Wasgau Ölmühle

Gläserne Manufaktur mit Führungen zur Herstellung von Öl auf naturbelassene Weise
Turnstraße 12, 76846 Hauenstein,
Tel. 06392/58 72 68,
E-Mail: wasgauoelmuehle@gmail.com,
wasgau-oelmuehle.de

ATELIERS, KÜNSTLER UND KÜNSTLERVEREINIGUNGEN

inspirito Holzkunst

Skulpturen aus Holz für den Innen- und Außenbereich
Gutshof Kaiserbacher Mühle,
76889 Klingenmünster, Tel. 06349/963 03 74,
E-Mail: info@inspirito-holzkunst.de,
inspirito-holzkunst.de

kunstgilde-art

Mehr als 130 Künstler und Kunstinteressierte sind Mitglied in dieser südpfälzischen Kunstgilde
Kunstausstellungen in der Artgalerie am Schloss in Bad Bergzabern
Schlossgasse 3, 76883 Bad Bergzabern,
kunstgilde-art.de

AtelierWerkstatt Schmuckatelier Kreklow

Beratung und Anfertigung individueller Schmuckstücke
Reduitstraße 25, 76829 Landau,
Tel. 06341/995 22 88,
E-Mail: info@schmuckatelier.kreklow.de,
schmuckatelier-kreklow.de

Bildhauerei KloppTokk

Sandsteinskulpturen, genannt »die Badegäste«
Maikammerer Straße 6, 67487 Sankt Martin,
Tel. 0176/76 79 83 08,
E-Mail: hallo@klopptokk.com, klopptokk.com

Register

Personen und Orte

Rezepte

Impressum

Verantwortlich: Sabine Klingan
Lektorat: Gaby S. Blum
Layout: Elke Mader
Repro: P. R. O. MEDIEN
Kartografie: Bruckmann Verlag GmbH, Heidi Schmalfuß
Herstellung: Bettina Schippel
Printed in Printed in Slovenia by Florjancic

★★★★★

Sind Sie mit diesem Titel zufrieden? Dann würden wir uns über Ihre Weiterempfehlung freuen. Erzählen Sie es im Freundeskreis, berichten Sie Ihrem Buchhändler oder bewerten Sie bei Onlinekauf. Und wenn Sie Kritik, Korrekturen oder Aktualisierungen haben, freuen wir uns über Ihre Nachricht an J. Berg Verlag, Postfach 40 02 09, D-80702 München oder per E-Mail an lektorat@verlagshaus.de.

Unser komplettes Programm finden Sie unter www.j-berg-verlag.de

In diesem Buch wird aus Gründen der besseren Lesbarkeit das generische Maskulinum verwendet. Weibliche und anderweitige Geschlechteridentitäten werden dabei ausdrücklich mitgemeint, soweit es für die Aussage erforderlich ist.

Bitte informieren Sie sich bei der Planung Ihres Besuchs vorab über Öffnungszeiten und coronabedingte Maßnahmen. Pandemiebedingt kann es hier immer zu kurzfristigen Änderungen kommen. Beachten Sie, dass oftmals Anfang der Woche Ruhetage sein können.

Empfehlung der Redaktion
Von der Autorin sind für die Pfalz diese Wander-Wohnmobil- und Ausflugsführer erschienen: »Wander dich glücklich Pfalz«, »Wochenend & Wohnmobil. Kleine Auszeiten in der Pfalz« sowie »Wochenend & Wanderschuh – Kleine Wanderauszeiten in der Pfalz«.

Bildnachweis: Alle Bilder im Innenteil und auf dem Umschlag stammen von Robert Landwehr.

Umschlagvorderseite: Großes Foto: Café Die Hutschachtel (S. 150)
Kleines Foto: Keramik-Taube, Kunstwerk Ladengalerie (S. 98)

Umschlagrückseite: Mathias Göhr (S. 70)

Die Deutsche Nationalbibliothek verzeichnet diese Publikation in der Deutschen Nationalbibliografie; detaillierte bibliografische Daten sind im Internet über http://dnb.d-nb.de abrufbar.

ISBN 978-3-86246-774-7